Vocabulário básico do vinho

GÉRARD MARGEON

Vocabulário básico do vinho

Tradução de Rosemary Costhek Abílio

SÃO PAULO 2015

Esta obra foi publicada originalmente em francês com o título
LES 100 MOTS DU VIN
Por Press Universitaires de France

Copyright © Gérard Margeon, para o texto
Coleção "Que sais-je?", n. 3855, 1ª edição 2009

Todos os direitos reservados. Nenhuma parte deste livro pode ser reproduzida, armazenada em sistemas eletrônicos recuperáveis, nem transmitida por nenhuma forma ou meio, eletrônico, mecânico, incluindo fotocópia, gravação, ou outros, sem a prévia autorização por escrito do editor.

Copyright © 2015, Editora WMF Martins Fontes Ltda.,
São Paulo, para a presente edição.

1ª edição 2015

Tradução
ROSEMARY COSTHEK ABÍLIO

Acompanhamento editorial
Helena Guimarães Bittencourt
Revisões gráficas
Marisa Rosa Teixeira
Solange Martins
Edição de arte
Katia Harumi Terasaka
Produção gráfica
Geraldo Alves
Paginação
Studio 3 Desenvolvimento Editorial

Dados Internacionais de Catalogação na Publicação (CIP)
(Câmara Brasileira do Livro, SP, Brasil)

Margeon, Gérard
  Vocabulário básico do vinho / Gérard Margeon ; tradução de Rosemary Costhek Abílio. – São Paulo : Editora WMF Martins Fontes, 2015.

  Título original: Les 100 mots du vin.
  ISBN 978-85-7827-936-3

  1. Vinho – Terminologia I. Título.

14-13464   CDD-641.22

Índices para catálogo sistemático:
1. Vinho : Terminologia   641.22

Todos os direitos desta edição reservados à
Editora WMF Martins Fontes Ltda.
Rua Prof. Laerte Ramos de Carvalho, 133 01325.030 São Paulo SP Brasil
Tel. (11) 3293.8150 Fax (11) 3101.1042
e-mail: info@wmfmartinsfontes.com.br http://www.wmfmartinsfontes.com.br

O vinho é a resposta da terra ao sol...

Margaret Fuller

Prefácio

Sobre vinho – para os que se interessam – pode-se discutir infinitamente. Entretanto, sem um mínimo de curiosidade e de informação seu consumo tende a tornar-se simplesmente mecânico. Pois o amador, apresentado como possuidor de um saber-viver, é principalmente alguém que compreendeu que o vinho é antes de tudo o produto de um saber-fazer, o herdeiro de conhecimentos ancestrais. Iniciar no conhecimento dessa arte que venho observando ao longo de minha experiência de *sommelier* é a ambição deste livro.

Ao contrário dos guias de vinho e outras especialidades, esta obra não tem a pretensão de aconselhar para comprar bem, preconizando este ou aquele vinho preciso. Sua intenção é acompanhar o leitor para que se torne um apreciador ainda mais esclarecido, que aprenda a conhecer seu gosto pessoal e a desenvolvê-lo.

Em cem termos, a ideia é permitir que todos compreendam o que dá estrutura ao produto acabado e com isso aprendam a degustar, ou seja, a conhecer e saber distinguir pouco a pouco o aporte do solo, da casta, do clima, da vinificação, da madeira, da jarra de aeração, da taça. Quis que este texto fosse acessível e, principalmente, *reutilizável*. Quis também derrubar algumas ideias correntemente aceitas a respeito do vinho – muitas delas tão pomposas quanto errôneas – e especificar o sentido de um vocabulário às vezes mal utilizado.

Apenas cem palavras, portanto, para convidar cada leitor a ir pouco a pouco definindo seu próprio estilo de vinho e também a explorar territórios menos demarcados, menos confortáveis, a aguçar a curiosidade, a fim de saborear sem complexo a imensa *diversidade* que essa bebida tão antiga continua a trazer em si.

Lista das 100 palavras

1. 45 SEGUNDOS
2. "AB"
3. ABERTURA DA VINDIMA
4. ACIDEZ
5. ADEGA
6. ADEGA COOPERATIVA
7. ADSTRINGÊNCIA
8. ÁGUA
9. ÁLCOOL
10. AMARGOR
11. AMBIENTAR (*CHAMBRER*)
12. APOGEU
13. ASPECTO (*ROBE*)
14. AUSTERO
15. CARÁTER DE MADEIRA (*BOISÉ*)
16. CARVALHO
17. CASTA (OU CEPA)
18. *CAUDALIE*
19. CHAPTALIZAÇÃO
20. *CHÂTEAU*
21. *CHIPS* DE CARVALHO
22. CLIMA
23. COLAGEM
24. COMPOTADO
25. CONTRARRÓTULO
26. CORRETOR
27. CORTE (*ASSEMBLAGE*)
28. CUBA (OU TANQUE)
29. *DECANTER*
30. DECEPÇÃO
31. DEGUSTAÇÃO ÀS CEGAS
32. DEGUSTAR (APRENDER A)
33. DELICADO
34. "DEMETER" (BIODINÂMICA)
35. DENOMINAÇÃO DE ORIGEM
36. DEPÓSITO
37. DOENÇA DA GARRAFA
38. EFÊMERO
39. ELABORAÇÃO
40. ENCOSTA
41. ENGARRAFADO
42. ENOLOGIA
43. ENÓLOGO
44. ENVELHECIMENTO
45. ENXOFRE
46. ÉPOCA GREGA
47. ÉPOCA ROMANA

48 EQUILÍBRIO
49 FEIRA DE VINHOS
50 FERMENTAÇÃO ALCOÓLICA
51 FERMENTAÇÃO MALOLÁTICA
52 FILOXERA
53 FRUTADO
54 GEOBIOLOGIA
55 "GOSTO DE ROLHA"
56 IRRIGAÇÃO
57 *KOSHER*
58 LÁGRIMAS (OU PERNAS)
59 LEVEDURA
60 MAGNUM
61 MARGENS
62 MATURIDADE
63 MEDALHAS
64 MINERALIDADE
65 MÍTICO
66 MONOCASTA (OU MONOCEPA)
67 MULTICASTAS (OU MULTICEPAS)
68 NATURE & PROGRÈS
69 NEGOCIANTE
70 ORGÂNICO
71 OXIDAÇÃO
72 PASTEUR
73 PODA
74 PODRIDÃO NOBRE
75 *PRIMEUR*
76 RAIZ (OU PORTA-ENXERTO)
77 ROLHA
78 RÓTULO
79 SAFRA
80 SECO
81 SOL
82 *SOMMELIER*
83 TAÇAS
84 TAMPA DE ROSCA
85 TANINOS
86 *TERROIRS*
87 TONEL
88 TONELEIRO (OU TANOEIRO)
89 VERDE
90 VIDEIRA
91 VINHO
92 VINHO BRANCO
93 VINHO DE CONCURSO
94 VINHO DE GUARDA
95 VINHO DOCE (OU SUAVE)/ VINHO LICOROSO
96 VINHO EFERVESCENTE
97 VINHO *ROSÉ*
98 VINHO TINTO
99 VINIFICAÇÃO
100 PRAZER

No texto, o asterisco * à direita de uma palavra indica que esse termo é objeto de uma entrada própria.

45 SEGUNDOS

É exatamente o tempo necessário para, depois de engolir ou cuspir um vinho, você elaborar plenamente, e de modo irreversível, seu parecer sobre ele.

Essa pequena operação requer do chefe de compras profissional uma certa disciplina. Também é recomendada ao amador que quer escolher antes de comprar. Esperar esses 45 segundos é o meio mais seguro de prevenir-se contra uma alteração emergente e tardia. Esse lapso de tempo permite que se comprove a alta qualidade de um *terroir** ou se confirme um eventual desvio, como o cheiro de rolha*.

Diferentemente da *caudalie**, que mostra o grau de intensidade do sabor na persistência de boca, essa etapa de 45 segundos faz parte da avaliação dos componentes do vinho. De fato, alguns defeitos ocultos, como a oxidação, o gosto de rolha, um amargor tenaz e principalmente o nível de açúcar residual, só se manifestam depois do início do período de descanso das papilas da boca, justamente no momento em que a sensação vinosa desaparece. Detectam-se assim certos excessos invasivos e colantes devidos aos diversos teores de açúcar residual que encurtam as sensações de persistência. Também se captam melhor as especificidades de novas vinificações.

Não se obrigar a permanecer atento até o finalzinho das sensações pode causar vivos arrependimentos. Outros arrependimentos surgem quando você tem de inverter totalmente seu parecer ao término dessa operação...

"AB"

AB de "agricultura biológica", um selo de qualidade hoje muito difundido em todo o setor agrícola. Atenção: essa certificação só dá garantia quanto ao método de produção da fruta (ou do legume, do cereal etc.); em hipótese alguma enquadra a "transformação" da uva em suco e depois em vinho (vinificação*). Indica que o método de cultivo respeita e preserva o equilíbrio biológico da natureza, utilizando ao máximo produtos de origem natural, como inseticidas vegetais, por exemplo. O cobre e o enxofre são permitidos. Os *domaines* (propriedades vitivinícolas) que exibem o selo de agricultura biológica são fiscalizados por órgãos credenciados, como Qualité France, Ecocert (o mais conhecido), Agrocert ou Aclave. Ver também "Orgânicos".

ABERTURA DA VINDIMA

Uma propriedade vitícola francesa não dá início à vindima quando bem quiser: é preciso autorização do governador do departamento. Essa data oficial, que marca o início da colheita, denomina-se *ban des vendanges* (literalmente, proclamação das vindimas); tem origem numa prática da nobreza fundiária, que, controlando assim o calendário, garantia para sua produção uma vantagem sobre a do povo. Como, evidentemente, nem todas as regiões vitícolas atingem a maturidade ao mesmo tempo, cabe a cada governador de departamento adaptar o *ban des vendanges* de sua região em função da situação da safra*. Todo ano ele estabelece a data oficial por meio de uma portaria.

A sobrevivência dessa prática explica-se pelo desejo de preservar a qualidade do estilo de uma região, protegendo-a do risco de colheita precoce, que prejudicaria a unidade de imagem de suas denominações*. Em geral, a última palavra é da natureza; a vindima pode ser feita cerca de cem dias após a floração, mas alguns incidentes de último minuto podem desregular esse mecanismo. Dentro de uma mesma denominação*, a data das colheitas varia em função do setor, do tipo de casta* (precoce ou tardia), do *terroir**, da idade das videiras.

A declaração de abertura das colheitas define o limiar de maturidade mínima das uvas, mas a partir da data oficial o viticultor tem liberdade para decidir em que momento colherá, adaptando-a à sua necessidade de maturidade. Numa propriedade séria, principalmente para o vinho tinto*, quase sempre se prefere esperar até a uva atingir a plena maturidade, às vezes com risco de perder uma parte da colheita (granizo, roedores e pássaros apreciadores de uvas perfeitas).

ACIDEZ

Aquele gosto fresco produzido pelos ácidos orgânicos naturalmente presentes na uva.

A acidez tem grande poder na percepção de um vinho. Reforça e mantém os aromas, dá corpo e frescor ao vinho e ao mesmo tempo propicia-lhe um bom envelhecimento*. Na medida certa, tem influência positiva também sobre a cor, pois proporcionará um brilho profundo e reflexos muito mais vivos.

Em contrapartida, seu excesso torna os vinhos muito "nervosos" e pode "emagrecê-los". Havendo excesso de acidez durante a vinificação*, pode-se proceder a uma "desacidificação" pela fermentação* malolática.

O déficit de acidez, que ocorre principalmente em regiões muito ensolaradas, também é fonte de problemas para o viticultor. Vinhos de regiões permanentemente banhadas de sol*, em que a temperatura noturna tem a maior dificuldade para regular os excessos do dia, podem precisar de uma acidificação. Esta não dará ao palato a mesma sensação que a presença de uma acidez natural, pois endurece a impressão em boca. De fato, é preciso um certo tempo para que os ácidos adicionados se harmonizem com os naturais, aqueles que a uva fornece. O ácido autorizado para essa operação é o tartárico; o método é vulgarmente chamado de "tartarização" ou "correção tartárica".

É formalmente proibido acidificar e chaptalizar (adicionar sacarose ao mosto para elevar o grau alcoólico) a mesma vindima. Aliás, essas duas intervenções são totalmente incompatíveis, pois a acidificação é o remédio para uma deficiência dos climas quentes, ao passo que a chaptalização* compensa uma insolação fraca.

Não é raro ver alguns degustadores se surpreenderem diante de um vinho muito estruturado em acidez, apesar de ser de uma safra deficiente nesse aspecto; eles então suspeitam de correção tartárica. Embora a acidez seja parte integrante dos vinhos, hoje há uma tendência a quase eliminá-la, devido à insistência de uma clientela internacional cada vez menos habituada ao nível de exigência que a percepção desse sabor requer.

ADEGA

Embora as adegas abobadadas das propriedades vitícolas sejam o sonho de todo apreciador de vinhos, um local mais simples, que respeite algumas condições elementares, proporciona-lhes uma boa conservação. Sabe-se que um local de armazenamento abaixo do nível do solo é a solução ideal, porque não sofre variação de temperatura entre o inverno e o verão. Mas deverá ser bem ventilado; caso contrário, o resultado poderá ser calamitoso: desmantelamento parcial das caixas (sem gravidade), desenvolvimento de uma umidade onipresente, causadora de danos diversos, inclusive de odores contrariantes e tenazes que a longo prazo podem prejudicar a qualidade do vinho (consequências mais graves).

Como nem todos dispõem de um local subterrâneo, vamos examinar todas as condições para o armazenamento das preciosas caixas num espaço sumariamente adaptado.

Antes de mais nada, equipar o local com uma *porta resistente* a toda prova (principalmente a roubos), na qual, se possível, haja um *pequeno alvéolo* para uma boa aeração moderada, pois as correntes de ar são prejudiciais.

Estender no solo uma *mistura de cascalho e areia* e semanalmente jogar nela um pouco de água, a fim de manter uma umidade *correta* (70% a 80%). Um ambiente seco demais acelera a desidratação das rolhas*, que se retraem e deixam passar o ar.

Uma *temperatura fria* e principalmente *constante*, entre 12 °C e 16 °C, é a primeira regra. Um vinho solidamente estruturado pode suportar uma diferença de temperatura de 4 °C ou 5 °C duas vezes no ano, mas as mudanças diárias em função do clima exterior ou do posicionamento de um aparelho elétrico que emane calor devem ser proscritas. O frio excessivo bloqueia o ciclo de evolução do vinho; o calor excessivo acelera-o.

Por fim, evitar todas as fontes de odores persistentes, como gasolina ou tinta, bem como vibrações e luz, que têm incidência nefasta sobre os vinhos.

As chamadas "adegas de apartamento" são boas fórmulas de conservação para os vinhos de média guarda; mas, mesmo que o fornecedor garanta uma boa conservação a longo prazo, não se deve correr o risco de deixar nelas grandes vinhos por tempo demais. É tolice destinar uma verba para uma seleção de vinhos de grande guarda sem possuir um lugar adequadamente preparado para sua longa permanência.

ADEGA COOPERATIVA

O sistema cooperativo surgiu no início do século XX, mas foi no fim da Segunda Guerra Mundial e ante a desorganização da viticultura que a necessidade de cooperar se impôs.

A implantação desse sistema desencadeou uma verdadeira dinâmica em todas as regiões vitícolas e salvou as mais isoladas e menos famosas. Mas ele logo foi muito criticado por apreciadores de vinho incomodados tanto com a privação de todo contato humano como com a insuficiência de identidade dos lotes.

Nos últimos anos sua imagem ante o consumidor vem melhorando sensivelmente. Tanto as criticaram pela falta de distinção entre volume e identidade que elas decidiram reorganizar-se na prática para voltar a ser competitivas. Sua principal dificuldade: ao contrário do negociante*, que tem total liberdade de compra, não podem recusar-se a adquirir a colheita de um dos cooperadores, por mais medíocre que seja sua qualidade; podem apenas negociar o preço de compra. Durante muito tempo essa restrição deu origem a vinhos sem grande relevo, provenientes de cooperadores pouco sensíveis à obsessão pela qualidade.

A adega cooperativa funciona com base no princípio de disponibilização das instalações, do material e do sistema comercial. Um viticultor que se associa a ela não é sistematicamente um mau vinhateiro. Entretanto, quase sempre é uma decisão forçada. A vinícola que não tiver condições de adquirir o equipamento necessário para sua autonomia não tem outra opção além de associar-se a uma adega cooperativa.

Todos os viticultores que assim desejarem são sócios e, portanto, proprietários da adega. O presidente e todos os administradores são escolhidos entre os associados. As adegas cooperativas podem vinificar volumes muito grandes, que serão vendidos sob um rótulo* em comum. Também podem vinificar e engarrafar separadamente a colheita de um cooperador talentoso. A adega venderá então todo o vinho resultante ou parte dele como um lote particular (*cuvée particulière*); a parte não vendida será restituída ao cooperador, que a comercializará com sua própria marca. É graças ao dinamismo e à autoridade de seu conselho administrativo que as melhores conseguem concorrer com o segmento independente. Hoje mais de metade das garrafas provém de uma adega cooperativa.

ADSTRINGÊNCIA

Hoje frequentemente considerada um defeito, é antes de tudo a expressão da juventude de certos vinhos. É transmitida pelos taninos* e supostamente se atenua ou desaparece com o tempo. Manifesta-se por uma sensação de ressecamento na língua e nas gengivas e por uma "aspereza" das mucosas. Não é um sabor no sentido próprio do termo, e sim uma sensação.

O amador atual que procure a expressão do conforto das vinificações modernas, que tendem a dar estruturas redondas e gulosas (fáceis de beber), realmente fica pouco à vontade com a expressão quase desconfortável da adstringência produzida por certos taninos de castas* específicas, como as cabernets ou a tannat.

É preciso dissociar a adstringência transmitida pelas castas naturalmente tânicas daquela dada por uma colheita não suficientemente madura. Ao contrário da acidez*, que é um sabor perceptível ao longo de toda a vida do vinho, a adstringência, num vinho elaborado com uvas perfeitamente maduras, em princípio é provisória: os vinhos de composição rica e complexa veem seu nível de adstringência diminuir muito durante o envelhecimento*. Portanto, ela é ainda mais valorizada por ser necessária para a boa evolução de alguns grandes vinhos* de guarda, como os bordeaux ou os grandes vinhos italianos produzidos com a casta toscana sangiovese.

Cuidado para não confundir adstringência e amargor*.

ÁGUA

Constitui 70% a 85% do peso de uma uva e é tão indispensável para a videira quanto para o homem. Mas, ao passo que tem poucas contraindicações para o homem, seu uso no trabalho do vinhedo é mais regulamentado.

Por que falar de água num livro sobre o vocabulário do vinho? Porque sem ela não pode existir vinho; porém, ao mesmo tempo em que é indispensável, deve ser racionada e utilizada com conhecimento de causa.

A água está em relação permanente e direta com o vinho; mas, na maioria dos grandes países vitícolas, como a França, é proibido (exceto algumas derrogações em certas regiões) irrigar a videira para alimentar seu ciclo de vida. A rega – por gotejamento – só é autorizada durante o período de plantio e de brotação. É proibida para a produção do fruto, se este destinar-se à vinificação. O candidato ao plantio deve, em primeiro lugar, decidir sobre a localização do vinhedo, bem como fazer a escolha da planta e de seu porta-enxerto (raiz*), que precisam ser compatíveis. O método de cultivo também leva em conta a geometria dessa plantação.

A videira é uma planta muito robusta que, em caso de grande seca, sabe proteger a si mesma em detrimento do fruto para conseguir sobreviver. Um vinhedo plantado à beira de um rio ou do mar aproveitará a higrometria ambiente para superar um ciclo de grande calor, e também estará protegido contra os rigores do inverno, como a geada (ver "Margens"). Assim, em certas regiões expostas a esse risco, como Chablis ou Champagne, o uso dos "aquecedores" muito poluentes que aqueciam o ar ao queimar toda espécie de combustível é substituído, na medida do possível, pela aspersão de uma fina névoa de água (proveniente de um lago natural ou criado com esse objetivo) que vai depositar-se formando em volta da uva uma casca de gelo que a protege.

Assim como na viticultura, a água é fundamental na vinificação. As leveduras* responsáveis pela transformação da uva em vinho necessitam muito de uma temperatura adequada. Para obtê-la, as cubas* são resfriadas ou aquecidas pela água que circula nas serpentinas que as circundam.

ÁLCOOL

Não existe vinho sem ele. Os que se dizem "zero grau" são vinhos tradicionais dos quais se retirou o álcool – e um vinho que declarar zero grau de álcool já não tem direito ao nome "vinho". O vinicultor, o enólogo* e o *sommelier** falam de *álcool real* e *álcool potencial*.

O álcool resulta de uma fermentação*. A uva madura é constituída de mais de 200 gramas de açúcar natural (220 g, em geral) que na verdade são um *potencial de álcool* ainda não transformado. Esse açúcar transformado em álcool por intermédio das leveduras* se tornará álcool real; o açúcar não transformado que permanece no vinho é álcool potencial. Um vinho considerado "seco" nunca o é totalmente: dependendo da região, pode restar entre 1 g e 4 g de açúcar residual após a fermentação.

O emprego da expressão *álcool potencial* é válido principalmente para os vinhos naturalmente ricos em açúcares restantes, como os vinhos doces* (ou suaves) e os licorosos. Na maioria dos grandes *châteaux** de Sauternes, para iniciar a vindima é preciso esperar que o grau potencial mínimo chegue a 20. Portanto, como são necessários cerca de 17 g de açúcar para obter 1° de álcool para um vinho branco (para o tinto são cerca de 18 g), as uvas deverão apresentar um mínimo de 340 g a 350 g de açúcar natural.

Muitos vinhos que se dizem "secos" e declaram 13° de álcool real parecem "alcoólicos". Esse desequilíbrio muitas vezes é consequência de um método de cultivo mal adaptado ou de falhas na vinificação*. Entretanto, certas safras* são naturalmente ricas em açúcar e, por isso, "alcoólicas". O ano de 2003 é um bom exemplo.

Note-se que um vinho de sensação alcoólica permanece assim ao longo de toda sua vida. O serviço desses vinhos requer atenções particulares. Deve-se evitar a passagem sistemática para o *decanter** e atentar bem para a temperatura, que não deverá ir acima de 18 °C para os tintos nem abaixo de 10 °C para os brancos.

Os VDNs (vinhos doces naturais, denominação regulamentar), que são obtidos por adição de álcool vínico ou neutro aos sucos em fermentação – para anestesiar as leveduras e conservar um certo volume de açúcar natural –, às vezes são alcoólicos em sua primeira juventude, pois o álcool natural proveniente da fermentação parcial ainda não se harmonizou com o álcool adicionado. Esse pode ser o caso para certos portos, banyuls ou maurys jovens. Tais vinhos pedem um pouco de paciência antes de ser degustados.

AMARGOR

Diferentemente da adstringência*, que é uma sensação, o amargor é um sabor, assim como a acidez*, a doçura e o salgado.

Alguns desvios na vinificação* trazem doenças bacterianas que podem causá-lo. Mas, quando não provém de um defeito de cultivo ou de vinificação, é um sabor que se deve reaprender a apreciar, pois seu papel é significativo, em razão das sensações desalterantes que pode proporcionar.

Originário diretamente dos taninos* da uva ou da madeira do tonel*, ele é uma característica importante dos vinhos – desde que na proporção adequada, pois uma profunda sensação vegetal estragará de modo definitivo os sabores do *terroir** ou da fruta. O estágio do vinho em tonel feito com madeira insuficientemente seca gera a mesma sensação.

A busca de uma maturidade* absoluta (que muito frequentemente se concretiza em supermaturação) fez quase desaparecer os amargores avassaladores. Mas seria lamentável perder totalmente esse sabor tão natural.

AMBIENTAR (*CHAMBRER*)

O termo francês *chambrer*, muito utilizado em nossos dias, vem de um costume antigo. Na época do aquecimento a lenha, quando ainda não existia o aquecimento individual para proporcionar a cada cômodo da casa uma temperatura homogênea e constante, os vinhos trazidos da adega* subterrânea eram colocados no quarto de dormir (*chambre à coucher*), cuja temperatura geralmente era temperada, ou seja, nem muito quente nem muito fria.

Ambientar um vinho consiste em colocar a garrafa em pé num cômodo moderadamente temperado, de modo a fazê-lo atingir a temperatura ideal de consumo (16 °C a 18 °C, no máximo).

A cada estilo de vinho corresponde uma temperatura que propicia a abertura dos aromas e o bom posicionamento das sensações de boca. Servir um vinho branco frio demais, a 4 °C por exemplo, é tão negativo quanto servir um tinto a 22 °C. O excesso de frio anestesia os aromas e ressalta os taninos* dos tintos; o excesso de calor dá uma sensação de peso sem vivacidade e acentua a percepção do álcool*.

Pode-se acelerar a ambientação transvasando o vinho para um *decanter** adequado em média trinta minutos antes do consumo.

Saber servir é expressar conhecimento.

APOGEU

Para o apreciador de vinho, a pergunta mais angustiante que existe é: "Quando meu vinho estará pronto para ser bebido?" O purista nunca está satisfeito sobre isso: sempre é um pouco cedo ou um pouco tarde. O realista, por sua vez, sabe bem que é raro saborear o vinho exatamente no momento de sua plenitude absoluta.

Os contrarrótulos* justapostos atrás da garrafa deveriam indicar prioritariamente uma estimativa do melhor período de consumo. Infelizmente, isso não acontece; eles preferem inundar-nos com frases inúteis e histórias improváveis.

Então, quando um vinho está pronto? Primeiramente, quando der prazer* a quem o degustar. Caso ainda se mostre jovem demais (e frequentemente é esse o caso), sempre existe um meio de torná-lo mais amável. Pode-se prepará-lo previamente recorrendo a uma aeração em garrafa ou em um *decanter** adequado, ou mais simplesmente utilizando taças* bem grandes (e então esperando pacientemente alguns minutos a mais) e tomando o cuidado de não servi-lo muito frio.

Uma coisa é certa: é preferível degustar* um vinho jovem demais a velho demais. Se o apogeu é o momento mais esperado na evolução de um vinho, não deixa de ser o mais inapreensível. Não somos avisados de sua data precisa nem de sua duração. Pode ser precário ou duradouro. Geralmente é de curta duração para os vinhos de estrutura fraca, e pode persistir por três, quatro, cinco anos ou mais para os vinhos excepcionais. Todos os vinhos, sejam brancos*, tintos* ou efervescentes*, atingem o apogeu num momento preciso e que será muito influenciado pelas condições de conservação. Conservar um vinho nas condições ótimas de envelhecimento* é uma garantia de levá-lo ao apogeu pleno. Os vinhos viajantes, aqueles que precisam de avião ou navio para chegar ao lugar de consumo, sofrem degradações irremediáveis, menos ou mais evidentes em função de sua estrutura. Um vinho poderoso e complexo não viaja forçosamente melhor que um vinho discreto e leve. O apreciador experiente do outro lado do mundo sabe que nunca reencontrará em sua casa o mesmo vinho do *domaine*.

ASPECTO (*ROBE*)

Um belo termo para designar o aspecto visual de um vinho. É o primeiro contato com ele; e é importante não negligenciá-lo, pois é muito rico em informações e chega a exercer influência sobre o prazer que se espera.

O aspecto (*robe*, em francês) envia várias mensagens elementares. Na verdade, é precursor das sensações táteis que virão. Assim, com um pouco de atenção, é possível prever o estilo de um vinho simplesmente observando sua cor. Através do aspecto pode-se decodificar a vinificação*, pois é essa etapa que determina o essencial das nuances da coloração. Um vinho muito concentrado exibirá uma roupagem mais intensa e profunda do que um vinho leve; um vinho que sofreu apenas uma filtragem muito leve (quase sempre um sinal de qualidade) exibirá um aspecto um pouco menos límpido ou mesmo ligeiramente turvo, que já prenuncia uma degustação* de boca mais rica em matérias e em sabor.

A noção de idade também é razoavelmente mensurável pela observação da roupagem. Um vinho de cor vermelho-púrpura será sistematicamente muito jovem, ao passo que um tinto de cor grená-atijolado será de idade avançada. O vinho branco intensamente dourado pode indicar um tipo de vinificação com elaboração* em tonel*, porém mais certamente a influência do tempo, da oxidação* ou de uma rolha* deficiente; o que mostrar roupagem amarelo-clara iluminada de reflexos verdes ou prateados estará em sua primeira juventude. Uma cor muito brilhante pode designar uma boca dinamizada por uma franca acidez, ao passo que um vinho licoroso âmbar com reflexos acobreados estará mais próximo do apogeu do que da primeira juventude.

Depois que a observação do aspecto lhe der um grande número de informações importantes, é hora de passar para a etapa olfativa. Um conselho: não esqueça de olhar também a rolha. Ainda que o aspecto seja a primeira etapa informativa, uma rolha seca demais e encolhida ou, ao contrário, molhada demais pelo vinho exigem atenção.

AUSTERO

Nem verdadeiro defeito, por menos passageiro que seja esse rigor, nem qualidade em si, pois pode ser um véu mascarando qualquer fineza, a austeridade de um vinho praticamente já não é valorizada.

Há várias explicações para ela. Pode ser simplesmente a assinatura voluntária de um vinhateiro que permaneceu fiel a certas práticas de cultivo e de vinificação*. Por exemplo, a vinificação em vindima inteira, que incorpora a uva com seu engaço na cuba durante as macerações, bloqueia a acessibilidade instantânea do vinho. Assim, a austeridade às vezes é a expressão de uma tradição. Porém mais frequentemente se deve a uma falta indiscutível de maturidade* das uvas, o que dá uma boa dose de taninos* às notas vegetais.

Um vinho de aspecto austero não o será forçosamente durante toda sua vida, mas há um grande risco de estar "fechado" ao longo da primeira juventude. Os grandes vinhos de guarda possuem naturalmente essa austeridade, presente tanto no nariz como na boca. Ele pode mesmo expressar-se por uma textura tão fechada que a sensação de boca seja qualificada de "rude".

A austeridade também pode mostrar-se durante todo o tempo de vida de um vinho. Se quiser evitar esse tipo de vinho, basta fazer as perguntas certas ao seu adegueiro ou vinhateiro.

CARÁTER DE MADEIRA (*BOISÉ*)

A maioria dos grandes vinhos tintos* e boa parte dos vinhos brancos* da produção mundial são elaborados em tonel* (barril, barrica, pipa) de carvalho*. A França é famosa por produzir os carvalhos que melhor atendem à elaboração* dos grandes vinhos. A quase totalidade dos tonéis fabricados no mundo é em carvalho. Durante a fabricação do tonel, as lamelas (aduelas) que o compõem são postas em contato com fogo vivo para que não se quebrem durante o arqueamento. Vem a seguir uma curta etapa final de queima, chamada de tosta ou tostagem.

É essa tostagem menos ou mais intensa da superfície interior que dará ao vinho aquele sabor muito agradável, aquele "gosto de baunilha", de pão grelhado ou de torrada. Mas é também nesse estágio que todos os excessos são permitidos. Quando o vinho se maquila com madeira, a sensação geral já não tem valor objetivo.

Dependendo da região, do país, dos hábitos e principalmente da necessidade, a influência da madeira terá amplitude diferente. Se o vinho for naturalmente belo e equilibrado*, se for frutado* ou se tiver potência, se expressar uma profunda mensagem de *terroir**, o acabamento em tonéis de alta qualidade lhe será benéfico e o tornará ainda mais complexo. Se, ao contrário, seu potencial natural não lhe permitir atingir tal complexidade ou se provier de vindimas insuficientemente maduras ou diluídas demais, aplicar esse mesmo tratamento é engodo.

Os vinhos voluntária ou involuntariamente exagerados na madeira são legião. São produzidos ainda mais facilmente porque o viticultor pode, com total legalidade, adicionar *chips** de madeira diretamente na cuba* e assim evitar o pesado investimento que um parque de barris representa. Esse procedimento, totalmente regulamentar, possibilita que regiões vitícolas "desfavorecidas" deem a seu vinho um perfil sofisticado a baixo custo, sendo que, devido ao preço de uma barrica, o vinho com passagem correta por madeira é de produção cara.

Todo apreciador de vinho precisa reconhecer a influência da elaboração por ocasião de uma degustação* (idem para o gosto de rolha*) se quiser evitar surpresas desagradáveis após alguns anos de envelhecimento*. A solução é aguçar o palato...

CARVALHO

Sua história e a do vinho estão interligadas. É uma árvore nobre, com a qual se construíam todos os navios até o final do século XIX. Sua madeira dura possui grande estabilidade, ao contrário de algumas madeiras que mostram menos constância ao secar ou ao envelhecer. Muito resistente, seu uso em meio úmido é inestimável; o alto teor de tanino* protege-o contra fungos. As mais belas florestas francesas foram conservadas, cuidadas e algumas até mesmo plantadas especialmente para atender à indústria naval. A célebre floresta de Tronçais, criada por ordem de Colbert, produz ainda hoje os carvalhos mais procurados no meio vitícola mundial, devido à qualidade de grão da madeira. São sempre objeto de muita atenção: o Serviço Nacional de Florestas (ONF, sigla do nome em francês), que administra as florestas estatais francesas, tem como ponto de honra apresentar árvores de primeiríssima qualidade. Por isso a França possui as matas que fornecem os carvalhos mais refinados.

Além da robustez, o carvalho também é procurado por seu aporte gustativo. Durante a fabricação do tonel*, a etapa de arqueamento pela chama contribui para criar o sabor abaunilhado que o barril transmite ao vinho. O vinho qualificado como "com caráter de madeira"* resulta das trocas entre o líquido e a madeira menos ou mais queimada. A influência da madeira na paleta aromática e principalmente gustativa se expressa por sabores tostados ou abaunilhados. Cada ano o vinicultor adapta sua vinificação* para evitar que essa influência seja excessiva.

Evidentemente, a França não é o único produtor de carvalho. Os americanos também são muito procurados, devido à qualidade e ao preço, mas têm a tendência de dar sabores amadeirados quase doces, açucarados. Os da Europa central vêm sendo testados há alguns anos pelos melhores toneleiros*, para tentar atender à demanda internacional.

Alguns vinhateiros apressados ou com menos condições financeiras utilizam esse mesmo tipo de carvalho, mas reduzido a *chips** que incorporam diretamente na cuba* de vinificação, liberando-se assim da gestão dos tonéis*.

CASTA (OU CEPA)

O *terroir** é um elemento essencial da qualidade de um vinho, mas não pode transmitir sua mensagem sem participação da casta e do homem. A casta ou cepa é o principal vetor dessa mensagem; às vezes o caráter de um vinho é mais influenciado por ela do que pelo solo.

Há no mundo mais de mil espécies arroladas, mas apenas cerca de 50 variedades são comumente utilizadas na França.

Nos últimos quinze anos os consumidores converteram-se à caça às castas, em detrimento do *terroir*. As mais conhecidas para produção de vinhos brancos* de raça e de grande conservação são: chenin, chardonnay, riesling, sauvignon, sémillon, gewurztraminer, viognier. Para os vinhos tintos*, cabernets sauvignon e franc, syrah, merlot, grenache, pinot noir. A pinot noir, originária da Borgonha, foi a primeira a ser identificada como casta e nomeada no século XIV. A identificação da cabernet só se deu no século XVIII.

Esse material vegetal sofreu modificações, frequentemente positivas, ao longo das diversas seleções clonais efetuadas pelos viveiristas – às vezes com risco de banalizar uma população ao querer securizá-la.

O objetivo da seleção clonal é reproduzir um exemplar de modo idêntico; mesmo assim, algumas propriedades vitícolas para as quais o mais importante é sua plantação realizam a chamada "seleção massal", a fim de repovoarem seu próprio vinhedo com um material que já deu provas inquestionáveis de qualidade. Esse tipo de seleção tradicional consiste em identificar e escolher os mais belos indivíduos de uma parcela de qualidade muito superior para então reproduzi-los.

Na França, o Instituto Nacional de Pesquisa Agronômica (INRA, sigla do nome em francês) possui uma coleção impressionante de cepas de várias centenas de espécies. É utilizada para criar novas variedades ou simplesmente para melhorar as que existem. Alimentar, conservar e consolidar esse patrimônio é essencial para evitar o retorno da praga filoxera*, um flagelo que atingiu todo o planeta em 1863 e dizimou a quase totalidade do vinhedo mundial.

CAUDALIE

É o grau de intensidade gustativa de um vinho, calculado em segundos a partir de sua persistência na boca (ver também "Degustar"). Essa indicação é muito útil para os profissionais e deve ser levada em conta por todo amador.

Atualmente se atribui tanta importância à intensidade do nariz e à potência quase açucarada do vinho na boca que com excessiva frequência se esquece que um vinho com equilíbrio*, com notoriedade internacional ou simplesmente um vinho regional tem o dever de dar prazer até o fim, ou seja, mesmo depois de engolido ou cuspido. A sensação saborosa que nasce no momento em que ele está fisicamente em contato com a boca deve perdurar quando não há mais esse contato. É a *persistência em boca* ou *persistência de boca*.

Não se deve perder de vista que o vinho não é concebido unicamente para ganhar concursos; é antes de tudo uma bebida, que será consumida sozinha ou em combinação com alimentos. De que serve uma soberba expressão de nariz no momento de acompanhar um prato? O vinho mais poderoso e mais complexo em nariz ficará bem apagado se sua boca for curta e efêmera*.

Com exceção de algumas cervejas e aguardentes, somente o vinho possui a "competência" necessária para pôr em evidência um prato. Para isso ele deve mostrar bem sua estrutura durante toda a persistência de boca. Deve deixar um traço mais ou menos longo, mais ou menos intenso, mais ou menos tenaz, que sublinhará a harmonia gastronômica e, no caso dos maiores vinhos, deixará uma lembrança inesquecível.

CHAPTALIZAÇÃO

Consiste em adicionar açúcar de cana ou beterraba ao mosto antes ou no decorrer da fermentação, a fim de aumentar o grau de álcool* final do vinho. Foi criada por Jean-Antoine Chaptal (1756-1832), químico e estadista francês.

Apesar de autorizada desde 1936 para certas regiões vitícolas de AOC (a sigla francesa para Denominação de Origem Controlada), essa prática é muito regulamentada e destina-se apenas às regiões com insolação insuficiente. A Provence e o Languedoc, por exemplo, não têm direito a ela. É permitido acrescentar a sacarose numa proporção máxima de três quilos por hectolitro. Atualmente o controle da chaptalização, detectada por ressonância magnética nuclear, é eficiente e preciso, mas esse recurso continua tentador e seu uso ilegal parece vir à frente de outros desvios.

Salvar uma safra por meio da chaptalização não é uma solução apropriada para hoje: ela provoca a criação artificial de volumes de vinho e altera a noção de origem. E, principalmente, os viticultores dispõem agora de outros processos de "autoenriquecimento" do vinho; o mais usado é a osmose inversa, que consiste em retirar do mosto, por um sofisticado sistema de filtragem, uma certa quantidade de água, a fim de aumentar a concentração dos outros elementos e dar ao vinho no tanque uma base equilibrada.

CHÂTEAU

O termo *château* ("castelo" em francês) é utilizado com total legalidade por uma maioria de propriedades vitícolas em que não há sequer uma pedra trabalhada. O vinho que desejar portar "*château*" no rótulo deve atender a duas condições fundamentais: provir exclusivamente de uvas colhidas nas videiras* de uma única propriedade e sua vinificação* também ser feita nessa mesma propriedade.

Esse vinho deve provir de uma propriedade vitícola existente e qualificada com esse termo. Ela deve situar-se numa área de denominação de origem* controlada. Deve ser autônoma, o que significa comportar vinhedos e edifícios apropriados para a produção do vinho e dispor do material necessário. Mas em nenhum caso a denominação *château* obriga a levar em conta um tipo específico de edificação.

A maioria dos *châteaux* de Bordeaux possui apenas simples casas tradicionais. Essa denominação não é uma exclusividade francesa; pode-se encontrá-la em vinhos de todos os países vitícolas do hemisfério Norte, mas é muito mais rara nos do hemisfério Sul.

"*Château*" funciona como uma marca e tornou-se uma menção securizante para certos consumidores. Mas não tem sentido basear-se unicamente nesse critério para atribuir a um vinho com rótulo "*château*" mais valor agregado do que a outro que não o tenha.

CHIPS DE CARVALHO

Nunca se venderam tantas lascas, granulados, tabletes, sachês e outros *chips* de madeira de carvalho* desde a autorização a título experimental, no final de 2006, para seu uso na produção dos vinhos de AOC (denominação de origem* controlada). Como não há uma decisão legislativa proibindo a adição de madeira nas cubas*, atualmente ele é tolerado.

É um procedimento de grande sucesso em certas regiões, para viticultores que não têm recursos financeiros para vinificar em tonéis* nem querem esperar o final dessa elaboração* onerosa e relativamente longa (dez a dezoito meses em barril, contra cinco a seis semanas com os *chips*). Mas está sendo testado também em regiões vitícolas de prestígio, como Bordeaux.

O modo de usar é relativamente simples: basta incorporar um certo volume de *chips* com forma e tamanho adequados à estrutura do vinho para dar-lhe aquele sabor de mais ou menos madeira* que permite a um vinho de pouca notoriedade tornar-se competitivo ante a produção mundial do mesmo tipo. Na Europa o *chip* tem um tamanho mínimo obrigatório (2 mm), enquanto no restante do mundo o pó é autorizado. Ainda há pouco tempo, a maioria dos viticultores que recorriam a essa "técnica" recusavam-se a identificar-se, por medo de ser denunciados.

Será que ganho de dinheiro e ganho de tempo vão levar a melhor, em detrimento da qualidade? Sem dúvida, para certas denominações* que não têm potencial para arcar com o investimento que o barril de carvalho representa. Em vista de seu custo e do saber-fazer que exige, o acabamento em barril é quase uma aberração para certas vinícolas, que então estariam cedendo apenas à pressão da moda ou de demandas comerciais cegas. Além disso, o montante a ser integrado no momento de definir o posicionamento do vinho no mercado pode muito bem fazê-lo saltar para um patamar de preço de venda que supostamente oferece sensações de nível superior... Nesses casos precisos é verdade que aos *chips* não faltam argumentos.

É muito fácil compreender por que eles têm tanto sucesso. Basta analisar o impacto de seu uso no custo de uma garrafa: enquanto um barril francês custa entre 1 e 1,80 euros, o custo dos *chips* oscila entre 2 e 10 centavos de euro por garrafa.

A demanda aumentou 30% num ano; os dois mercados principais são a França e a Itália, mas é na Espanha que a progressão é maior. Na França, Languedoc é o principal comprador, mas é para Bordeaux que se voltam os operadores, pois a região possui o maior potencial de desenvolvimento dessa técnica.

As empresas que comercializam os produtos decidiram unir-se e criaram o Sindicato dos Produtores de Madeiras para Enologia (SPBO, sigla do nome em francês) para coordenar uma ofensiva de valorização. A primeira providência foi banir o termo "*chip*", substituindo-o por "madeira para enologia". O termo "alternativo" também foi eliminado dos produtos, a fim de apresentá-los não como um substituto do acabamento em barril e sim como um método propriamente dito.

Quanto à rotulagem, evidentemente as menções "fermentado", "envelhecido" ou "amadurecido" em barril de carvalho são proibidas.

Mais vale utilizar excelentes *chips* do que maus barris, dirão alguns. É a realidade do mercado, reforçarão outros. Pode-se estimar que seu uso para os vinhos que não têm nenhum ganho a obter do barril traga enormes vantagens em termos de organização, de mão de obra, de receitas financeiras precoces. Só o paladar do consumidor decidirá se todas essas economias são proveitosas para a qualidade do vinho em si.

CLIMA

A influência dos elementos naturais (calor, frio, chuva, luz, vento) sobre o vinho é tão importante quanto a da natureza do solo. Esses efeitos do clima o vinhateiro vai aprendendo a controlar no decorrer de suas experiências. A sucessão ou o acúmulo de elementos climáticos ao longo do ciclo de desenvolvimento da uva brincam com seu sangue-frio: a cada safra* ele tem de mostrar sua aptidão para lidar com tais elementos.

É certo que a videira exige uma certa quantidade de calor e de luminosidade para levar seu fruto a uma boa maturidade*; por isso, tende-se a pensar que um vinhedo sob influência de uma climatologia positiva, muito ensolarada, dará sistematicamente grandes vinhos*. Não é assim. A videira é uma trepadeira que por natureza necessita de sol*, mas de modo regulado. Para a boa maturidade de um fruto equilibrado, que dará ao vinho uma arquitetura equilibrada*, a planta requer alguns momentos de descanso. Aqueles dias em que o sol e a temperatura ficam mais amenos, bem como as noites mais frescas, proporcionam-lhe essas pausas. Um certo "ajuste" térmico regula o vigor da videira. Um clima harmonioso propicia uvas com um equilíbrio perfeito, que será transmitido durante a vinificação, dando o exato balanço entre acidez* e amargor*.

É relativamente fácil comprovar esse impacto favorável de um clima mais temperado do que excessivamente ensolarado: praticamente todos os grandes vinhos do mundo, os que apresentam um potencial de evolução lento (entre quinze e trinta anos), são provenientes de vinhedos do hemisfério Norte, pois o equilíbrio acidez/tanino* desempenha um papel primordial no processo de guarda.

Evidentemente, o hemisfério Sul também produz vinhos que dão prazer*, mas suas estruturas são diferentes. Muito mais ricos em açúcar natural e portanto em álcool*, mostram paralelamente uma fraqueza em acidez natural; em geral são vinhos "envelopados" pela glicerina e pelo álcool, esféricos, instantâneos e efêmeros* em sua maioria.

COLAGEM

Consiste em acrescentar um aditivo ao mosto, mas principalmente ao vinho, a fim de melhorar a limpidez, aumentar a "filtrabilidade", dar mais estabilidade aos diversos componentes e afinar a degustação destes. Esse adjuvante, essa "cola", é geralmente uma proteína (gelatina, caseína, cola de peixe), bentonita (argila fina) ou, em algumas vinícolas, simples claras em neve (os doceiros recuperam as gemas...). Incorporado na cuba* ou no tonel*, ele arrasta para o fundo as partículas que turvam o vinho.

Desse modo o vinho é clarificado e torna-se límpido. Em seguida, basta retirar esse depósito por uma mudança de tonel: é a trasfega. Existem outros métodos, raramente empregados para os grandes vinhos, tais como a centrifugação – método brutal que afasta as partículas por "secagem" – e a filtragem mais ou menos severa. Uma filtragem não excessiva dá resultados razoáveis para uma vinícola que não possuir a mão de obra necessária para a colagem com claras de ovos.

Os depósitos do vinho branco*, por sua vez, são retirados simplesmente fazendo-o passar por um resfriamento que precipita no fundo do tonel os sedimentos de origem tartárica em forma de cristais.

COMPOTADO

A soma das propriedades vitícolas e dos vinhateiros de todo lugar que se deixaram levar pela corrente de vinhos sem alma nem orgulho é arrasadora. Em nome de uma demanda mundial – que, aliás, eles frequentemente captam de longe –, despejam no mercado licores frutados que portam o nome de "vinho". A constatação pode parecer severa, mas define friamente o estado de pânico que invadiu certas regiões produtoras que, a pretexto de atender uma jovem geração de amadores com vinhos de abordagem imediata, simples e confortáveis, na verdade adotaram a maquilagem de seu potencial natural, levando sistematicamente as uvas ao estado de maturidade* muito "avançada".

Essa prática aniquila a maioria das expressões naturais de um *terroir** que, parece, um número cada vez maior de amadores não esclarecidos recusa: a acidez*, um fino amargor*, um sabor varietal, a tensão mineral etc. Antecipando assim os supostos desejos dos amadores, tal prática os mantém na ignorância do que é o vinho. Um apreciador de vinho é, por definição, receptivo às diferentes mensagens que a natureza envia, visto que opta pelo consumo de um produto proveniente de uma transformação natural. Ele deveria *muito naturalmente* aceitar-lhe os princípios e as complicações e saborear a variedade dessas expressões, até mesmo uma certa falta de conforto.

As consequências da supermaturação sobre o potencial qualitativo das uvas tintas são conhecidas: aumento do teor de açúcar (e portanto de álcool*), diminuição da acidez e expressão exacerbada de certos aromas. Os vinhos assim produzidos são de um conforto requintado e frequentemente estão mais próximos do elixir que do vinho. Apresentam aromas de frutas cozidas, seguidos de uma boca invariavelmente maquilada com os sabores da madeira nova. Sua riqueza em álcool não consegue dissimular o peso dos açúcares restantes.

Se o termo "compotado" é tão frequentemente empregado pelos amadores, é porque reencontram nesse vinho o prazer instantâneo, e infantil, de uma doçura untuosa e alcoólica.

CONTRARRÓTULO

Se o rótulo* é o documento de identidade de um vinho, o contrarrótulo é seu cartão de visita. Numerosas vinícolas francesas utilizam-no há muito tempo, mas só bem mais recentemente ele apareceu no cenário internacional.

Não há uma norma para esse informativo colado no verso da garrafa. O que diz não está sujeito a fiscalização alguma, pois todas as indicações regulamentares e obrigatórias vêm no rótulo principal. Bem utilizado, permite que as menções não regulamentares sejam deslocadas do rótulo principal, tornando-o mais legível. Como as menções obrigatórias nem sempre são assimiladas pelos consumidores, principalmente pelos que não são do país produtor, o contrarrótulo pode trazer informações lúdicas até muito valiosas: composição em termos de castas, breve descrição do modo de vinificação*, sugestão sobre as condições ótimas de armazenamento, data aproximada do melhor consumo, localização geográfica da região ou do vinhedo, até mesmo uma indicação do teor de açúcar residual.

Assim como o rótulo principal, um contrarrótulo incompreensível é totalmente inútil.

CORRETOR

O segmento vitícola é bastante rico em participantes de todo tipo, mas alguns têm mais interesse em ser discretos e portanto são menos identificados pelo grande público. O proprietário, o enólogo*, o jornalista especializado ou alguns *sommeliers** têm todo o interesse no reconhecimento público. Inversamente, o chamado "corretor rural" é sempre um homem da sombra, mas muito influente. Considera-se que hoje essa profissão controla cerca de 80% da produção dos AOC franceses, bem como grande parte dos vinhos de mesa. É muito especializada e existe desde a época romana*. Foi aos corretores que em 1855 o duque de Morny solicitou a classificação dos bordeaux que se tornou célebre. Também é a eles que hoje é confiada a fiscalização das compras *en primeur** (antecipadas) de bordeaux.

O corretor é um perito. Faz parte de um sindicato regional específico; é um especialista insubstituível, por seu profundo conhecimento não só do *terroir** onde trabalha como também dos homens, das famílias e das tradições locais. É parte integrante do que se poderia chamar de "ecossistema regional".

A maioria dos viticultores não engarrafa toda sua produção. O corretor é o homem a quem o vinhateiro (ou a adega cooperativa) confia uma parte de sua produção que ainda está nas cubas ou nos tonéis, para que seja renegociada a granel com compradores potenciais, como negociantes ou adegas cooperativas. É o intermediário entre dois vinificadores: um que deseja adquirir um complemento de vinho para suas necessidades comerciais e o outro que deseja desfazer-se de um lote de excedentes. Um vinhateiro particular também pode liberar-se de um lote de garrafas não rotuladas, que será revendido a um negociante comprador.

Ainda que sua posição o obrigue a ser discreto, o corretor é acima de tudo um comerciante. É também o barômetro da economia vitícola local. Com ele o negociante se informa sobre o interesse de um determinado vinho, sobre a tendência do mercado e suas demandas. Torna-se até mesmo o mediador em caso de litígio referente à integridade de um produtor ou à autenticidade da proveniência de um vinho.

CORTE (*ASSEMBLAGE*)

Consiste em "misturar" numa mesma grande cuba* vinhos provenientes de castas* diferentes ou ainda vinhos de uma mesma parcela, de parcelas diferentes e até de outras denominações*, regiões ou países. O corte de anos de colheita diferentes é a especialidade de quase todos os champagnes e também de uma certa produção de tintos internacionais que, apesar da abordagem fácil, não deixam de ser interessantes.

O corte é absolutamente legal; não se trata de burlar a lei nem de uma prática fraudulenta. A mistura de castas diferentes é comum no mundo todo; uma parte dos maiores vinhos do planeta é elaborada assim. O bordeaux é o arquétipo do *vin d'assemblage* de grandes castas e de grandes *terroirs*.

Ele não se aplica apenas ao vinho tinto: muitos dos grandes vinhos brancos provêm do corte de várias castas, como os bordeaux brancos, a maioria dos vinhos do grande sul da França e os brancos do vale do Ródano.

Embora nem sempre seja praticado, a legislação autoriza, em regiões específicas, o corte de uvas brancas e uvas tintas para equilibrar ou tornar mais leves certos vinhos lendários. É o caso principalmente dos vinhos do vale do Ródano (tanto do norte como do sul), como o côte-rôtie, o hermitage, o châteauneuf-du-pape.

A maioria dos grandes vinhos efervescentes* do mundo, champagne à frente, recorre ao corte dos sucos de uvas tintas e brancas para obter sua cor rosada.

Só algumas poucas regiões vitícolas não podem ou não querem recorrer ao corte de castas diversas. Muitas delas situam-se no norte da Europa vitícola. É o caso da Alsácia, de alguns vinhedos alemães e austríacos. O hemisfério Sul não fica atrás, principalmente a Nova Zelândia.

A Borgonha é uma exceção mundial, pois deve seus brancos e tintos a somente duas castas principais: a chardonnay para os vinhos brancos e a pinot noir para os tintos, sem nenhuma possibilidade de *assemblage* com outras.

A imensa vantagem do corte consiste em sanar a fraqueza de uma casta devido a um incidente climático, combinando-a com a riqueza de outra. Pode-se "securizar" assim a qualidade de certas safras. Mas existe o risco de uma "padronização" dos vinhos, reforçada de um ano para outro em nome dessa segurança.

CUBA (OU TANQUE)

Um vinhateiro pode não usar tonel, mas é impossível não usar cuba (também denominada tanque): elas são indispensáveis para toda e qualquer vinificação* e também para o corte* de diferentes parcelas ou lotes. Em seguida são utilizadas para o prosseguimento da elaboração* e o armazenamento. Nelas são elaborados todos os tipos de vinho, sejam brancos, tintos, suaves ou efervescentes. Todas as propriedades vitícolas do mundo, da mais discreta à mais célebre, da mais humilde à mais rica, estão equipadas com cubas.

Suas dimensões variam em função do uso. Contêm em média entre 30 hl e 100 hl quando se destinam à vinificação, mas podem ser muito maiores (vários milhares de hectolitros) quando utilizadas simplesmente para armazenamento ou corte.

É importante compreender a história desse utensílio, pois ao longo de sua evolução ele influenciou profundamente o estilo e o sabor dos vinhos. Durante cerca de quinhentos anos vinificou-se em ânforas de terracota, exceto, ocasionalmente, por algumas escavadas diretamente na pedra, tais como os lagares de Portugal. Depois os gauleses, que se tornaram peritos em trabalhar a madeira, inventaram a cuba de madeira – bem como o tonel*, aliás. A partir de então, durante catorze séculos vinificou-se na madeira. Em seguida, no início do século XIX, Chaptal, criador da chaptalização*, exaltou os méritos de um novo material: o cimento, inalterável e prático. Pouco a pouco as cubas de cimento foram equipando todas as adegas e lagares; mas em meados dos anos 1980 desapareceram progressivamente para dar lugar ao aço, que por sua vez se inclinou ante o que há de melhor no momento: o inox.

Portanto, durante muito tempo a cuba de madeira foi o único material com que os vinhateiros sabiam trabalhar e que dominavam melhor. Se hoje ela praticamente não é mais encontrada é porque requeria manutenção muito cuidadosa e já não garantia um nível de higiene satisfatório. Os trabalhadores da adega* também gostavam cada vez menos de se enfiar pelo minúsculo alçapão que lhes servia de porta de acesso para limpeza do interior. Além disso, apesar de transmitir ao vinho um sabor incomparável, era péssima condutora de calor e sua impermeabilidade deixava a desejar.

A cuba de cimento que a sucedeu tem como vantagens uma boa condução térmica e uma impermeabilização perfeita. Em contrapartida, é sensível à acidez* do vinho e portanto sua manutenção é onerosa. O aço modificou parcialmente os hábitos dos vinhateiros, mas esse problema da acidez perdurou até a chegada do material mágico: o aço inoxidável. Foi uma revolução. A cuba de inox – material inalterável, hermético, de fácil manutenção e principalmente bom condutor térmico – aliviou consideravelmente o trabalho das vinícolas.

Há algum tempo, produtores em busca de uma vinificação ainda mais precisa vêm reintroduzindo o cimento ou a madeira em seus parques de tanques, em nome de um melhor controle da temperatura, decisivo para uma vinificação bem-sucedida. Essas cubas têm formas muito específicas: podem ser troncocônicas para as de madeira, ovais ou piramidais para as de cimento.

DECANTER

Objeto muito valorizado pelos apreciadores de vinho, mas que pode ter efeitos negativos em caso de mau uso. Quer seja utilizado em casa para dar destaque à garrafa de um almoço dominical ou num grande restaurante para impressionar a mesa vizinha, o *decanter*, ou melhor, os *decanters* – são antes de tudo utilitários: devem atender à necessidade de aeração de um vinho.

Infelizmente, com muita frequência seu uso é distorcido; ele passa a ser um objeto prático para o serviço ou simplesmente decorativo. Pior ainda, é considerado um instrumento miraculoso, capaz de resolver todas as pequenas inconsistências do vinho.

Embora o cristal seja prestigioso, a matéria tem menos importância que a forma e o volume. Se a posse de um copo universal (ver "Taças") pode ser suficiente, o mesmo não acontece com os *decanters*. É aconselhável possuir três modelos: o "*decanter* suave" para os vinhos muito frágeis, o "*decanter* bruto" para os vinhos excessivamente jovens e o "*decanter* progressivo" para todos os outros.

O *decanter* suave, totalmente vertical e de diâmetro pequeno e igual de cima abaixo, pode ser comparado a uma segunda garrafa. É o mais respeitoso, que será utilizado para os vinhos mais velhos e mais frágeis, a fim de efetuar a separação de seus depósitos, e só isso. O mais bruto terá a função oposta: com um poder de aeração excessivo, é alargado na base, com capacidade mínima de 1.300 ml. Os vinhos tânicos, ainda jovens e que não temem aeração nem oxidação, apreciarão ser transvasados para ele. O progressivo servirá para todos os tipos de vinho que necessitem de aeração lenta e precisa. Sua forma triangular (vértice para baixo) permitirá que o vinho dos dois últimos copos servidos não tenha excessivo contato com o ar.

Dois fatores devem ser considerados antes de usar um *decanter*: o número de convivas – que determinará o tempo durante o qual o vinho permanecerá nele – e a aptidão do vinho para ser oxigenado. Por isso, a escolha do momento de transvasá-lo deve levar em conta o tempo necessário para o serviço do prato.

Para os amadores que tenham um pouco de receio do *decanter*, é aconselhável utilizar taças* bem grandes e bojudas, que darão aproximadamente o mesmo resultado, mas com um tempo de espera e um pouco de participação pessoal.

Para transvasar vinho que apresentar um depósito, é altamente recomendável munir-se de um filtro fino, especialmente adaptado, a fim de poder aproveitar o conteúdo total da garrafa, sem perda.

Por fim, um pequeno conselho: para não ter de substituir todas as taças de seus convivas, habitue-se a degustar o vinho *antes* de passá-lo para a jarra.

DECEPÇÃO

A abertura de uma garrafa de vinho, qualquer que seja sua notoriedade, é sempre uma aventura, mesmo deixando-se de lado os imprevistos ligados à rolha* e os incidentes de vinificação*.

A única maneira de controlar um pouco essa aventura, mas também de avançar para novos territórios de degustação, é ir à caça de informações úteis. Muitas vinícolas possuem hoje seu *site* na internet, transbordante de informações. Vá diretamente ao essencial, direcionando-se para o que será útil à sua degustação: natureza do *terroir**, métodos de cultivo, variedades de castas* utilizadas na vinícola e suas proporções em cada lote etc. Não esqueça de ler as fichas técnicas. E não hesite em contatar o "pai" do vinho ou um consultor especializado (seu adegueiro, por exemplo).

Tentar explicar o que se espera de um vinho é afinal bastante fácil. É muito menos fácil explicar as causas de uma decepção. Acaso o sonho de todo apreciador bem-informado não é presentear-se com alguns vinhos caríssimos, e bebê-los? O rótulo* mítico* tão desejado que você acaba de abrir não corresponde de modo algum ao que você imaginava. Mas imaginava o quê? Que o vinho mais raro (e portanto mais caro) ia entregar-se sem medida, sem exame de passagem?

Os maiores vinhos do planeta, aqueles que fazem parte do clube fechadíssimo dos vinhos míticos, são indiscutivelmente os mais requintados, mas também os mais reservados. O apreciador que desejar abordar esse grupo deve necessariamente preparar-se; caso contrário, a decepção será equivalente à notoriedade do vinho. Inversamente, o apreciador curioso, que esquece títulos e classificações, fará bom proveito da formidável diversidade dos inúmeros vinhos de todos os cantos do mundo.

É primordial nunca estabelecer proporção entre o prazer esperado e a notoriedade ou o preço de um vinho. Para quem o ego se investe no dinheiro gasto, só a garrafa cara será grande. O curioso insaciável terá sempre indulgência de reserva.

É preciso também aceitar que certos períodos (a época de recuperação da vegetação, por exemplo) são menos propícios à degustação.

Para livrar-se definitivamente das perguntas que o atormentam, parta do seguinte princípio: é preferível aproveitar seu vinho cedo demais em vez de tarde demais (ver "Envelhecimento"). Cedo demais, às vezes é possível intervir em sua expressão proporcionando-lhe uma simples aeração em jarra* (usar com discernimento); tarde demais, ele só pode desmoronar.

Por fim, toda decepção merece ser decantada.

DEGUSTAÇÃO ÀS CEGAS

Pesquisadores do Instituto Nacional de Pesquisa Agronômica (INRA, sigla do nome em francês) associados à Facudade de Enologia de Bordeaux demonstraram que a degustação de um vinho e a avaliação de suas supostas qualidades olfativas e gustativas são amplamente influenciadas pelo contexto em que é degustado, bem como pela imagem que o degustador tem dele.

A degustação às cegas seria então a única garantia da integridade e objetividade do parecer? Degustar um grande vinho mítico* com o rótulo* visível provoca sistematicamente alguns "ajustes" de linguagem. Desculpam-se mais facilmente alguns de seus defeitos, sob pretexto de que talvez sejam passageiros. Não se ousa atacar a elite: o nome é unanimemente reconhecido e o preço supostamente está em harmonia com o prazer que ele deve proporcionar. Se provado com o rótulo oculto, ou seja, às cegas, esse mesmo vinho mítico será julgado sem reserva.

Quando é feita para testar o nível de competência de um degustador, em ambiente privado ou num concurso de *sommeliers*, por exemplo, a degustação às cegas impõe suas consequências apenas à pessoa que acatar o resultado. Mas, quando é feita de modo privado ou profissional para separar vinhos e até mesmo atribuir-lhes notas com o objetivo de dar início a um ato de compra, exige da pessoa que a pratica um compromisso de neutralidade absoluta e um sério conhecimento de todos os parâmetros a ser analisados: a importância da casta*, que impõe seu odor e seu sabor; a estimativa do clima* no equilíbrio dos componentes do vinho; as consequências dos métodos de cultivo, que influem na maturidade*, na riqueza e no gosto. Além disso, um bom conhecimento das tipicidades de cada grande setor da produção mundial ajuda a "enquadrar" com precisão essa forma de degustação, pois ela sempre pede pontos de comparação que podem auxiliar na decisão.

Se for mal controlada, a degustação às cegas provocará entre o comprador e o vendedor estragos emocionais e financeiros. Por isso, fora de um contexto profissional ela deve ser simplesmente um momento de prazer e de treinamento para o amador.

DEGUSTAR (APRENDER A)

Estas linhas gerais visam a dar-lhe alguns pequenos recursos utilizados pelos profissionais, mas principalmente possibilitar que você estabeleça *seus* referenciais pessoais de degustação sem nenhuma influência externa.

De fato, se você degustar em seu fornecedor ou numa feira de vinhos, inevitavelmente o contexto, o lugar, a iluminação, a temperatura, os odores etc. irão influenciá-lo. Até mesmo a hora da degustação terá um impacto sobre sua atenção. Mas a mais marcante (e esse é seu papel) é a influência humana. Ela é ainda maior quando você está diante do vinhateiro em pessoa, no local onde este o recebe. Antes de tomar uma decisão de compra, lembre que nunca reencontrará em sua casa esse mesmo ambiente e que isso forçosamente incidirá na percepção das garrafas que você selecionou.

Em primeiro lugar, há algumas regras elementares para a degustação de um vinho ocorrer em boas condições. É inútil estragar um prazer por causa de detalhes.

Há três grandes etapas, que devem ser cumpridas numa ordem precisa. Todas são ricas em informações e preparam-no para a seguinte. São os exames visual, olfativo e gustativo. Acrescentaremos uma etapa de grande importância, mas perpetuamente esquecida: o exame da persistência gustativa intensa, que entretanto requer apenas... 45 segundos* de atenção.

Dois detalhes antes de explicar essas três etapas. Evite agitar maquinalmente o copo assim que o vinho é servido, aerando-o antes de proceder aos exames 1 e 2. Se você tiver realizado corretamente os exames visual e olfativo, praticamente não precisará mais passar para a etapa gustativa, pois *já* tem seu vinho em boca.

1) *Exame visual*. Informa-o sobre:
– a *limpidez*. Analisa-se a limpidez do vinho por observação lateral do copo, aproximando-o de uma fonte de luz (chama de vela, preferencialmente). Um vinho (em especial tinto) pode ser menos ou mais turvo; basta descobrir a causa perguntando ao adegueiro ou ao vinhateiro. A turvação não é inquietante se o vinho não tiver sido filtrado; caso contrário, pode indicar uma deriva que velará os sabores originais. Anota-se a limpidez com um vocabulário que vai de *cristalino* a *opaco*, passando por *límpido*, *velado* e *turvo*.
– o *brilho*. É a faculdade de refletir a luz. Muito importante para determinar a qualidade de um vinho branco*, pode indicar uma certa presença de acidez*. Anota-se o brilho com um voca-

bulário que vai de *cintilante* a *fosco*, passando por *vibrante*, *brilhante* e *límpido*.
- a *cor*. A avaliação está ligada a dois fatores: a coloração propriamente dita e sua intensidade. Ambas são observadas inclinando-se o copo perto de uma fonte de luz. A intensidade indica um nível de riqueza em pigmentos corantes (principalmente para os vinhos tintos*); resulta da tipicidade da casta empregada ou do tempo de maceração, que está ligado à qualidade da safra*. É necessário ter um certo volume de vinho na taça e, para comparação entre vários vinhos, uniformizar os volumes. Anota-se a intensidade com um vocabulário que vai de *pálida* a *intensa*, passando por *clara*, *forte*, *firme*, *profunda* e *densa*. Para definir a cor basta um vocabulário simples, que para os vinhos brancos vai do *amarelo* no limite do *incolor*, com ou sem *reflexos verdes** (sinal de juventude), ao *âmbar*, passando por *amarelo-palha*, *amarelo ouro*, *cobre* e *ouro velho*. A cor dos *rosés* vai de *branco com reflexos rosados* a *rosa dourado*, passando por *rosa salmão*. A dos tintos vai de *violáceo* (vinho muito jovem) a *castanho* (vinho velho demais), passando por *vermelho framboesa*, *cereja*, *rubi*, *púrpura*, *grená* e *tijolo*.

– a *untuosidade*. Etapa discutível e discutida; é válida principalmente para os vinhos brancos secos* ou suaves*, pois é um pouco menos rica em informação sobre os tintos. Muitos amadores gostam de observar as lágrimas* ou pernas; eventualmente estas podem indicar uma certa riqueza em álcool* ou em açúcar. Um vinho que não adere às paredes da taça* já se anuncia como um vinho leve.

2) *Exame olfativo*. Informa-o sobre os aromas naturais diretamente ligados à casta, que são os *aromas primários*, e sobre os *aromas secundários* dados pela vinificação* ou pelo acabamento*. Esse exame é primordial para captar os aromas relacionados com a idade (o buquê), mas principalmente para identificar os odores decorrentes da rolha* ou adquiridos no decorrer do envelhecimento*.

Para uma boa apreciação olfativa é preciso respeitar algumas regras. Utilizar uma taça muito delgada, ter as mãos limpas e inodoras (os odores de perfume e de tabaco estão proscritos), encher a taça até um terço de sua capacidade e não girá-la imediatamente, para evitar um desperdício inútil de aromas e principalmente para detectar o mais cedo possível um eventual "gosto de rolha"*. Primeiramente, cheirar o vinho sem girar a taça; essa etapa se chama exame olfativo estático. Em seguida, fazer um movimento circular bastante curto (não aerar demais, para não desperdiçar uma parte dos aromas) e cheirar imediatamente; é o exame olfativo dinâmico.

- *Aromas primários.* São os aromas diretamente ligados ao tipo de uva ou de casta. Cada casta porta sua assinatura aromática, que se expressa com menos ou mais intensidade e complexidade. Há castas extremamente aromáticas e facilmente reconhecíveis, como a moscatel ou a gewurztraminer, e outras muito mais discretas.
- *Aromas secundários.* A fermentação* vai revelar os aromas do vinho. A uva em si não é muito expressiva nem complexa, mas o efeito das leveduras* que transformam o açúcar natural em álcool libera e destaca os aromas, além de simultaneamente dar origem a diversas substâncias que vão complementar os aromas iniciais da fruta. São as *notas fermentativas* (miolo de pão, brioche etc.), as *notas lácteas* (manteiga, avelã etc.) ou *amílicas* (banana, bala acidulada).
- *Buquê.* A elaboração e o envelhecimento atenuam as notas frutadas originais, mas as tor-

nam mais complexas. A elaboração em tanque*
inerte de inox ou cimento dará ao vinho um
buquê diferente do proporcionado por recipiente de madeira (barril ou tonel*).
– *Odores que anunciam defeitos*. Esta etapa requer muita atenção. Certos desvios e defeitos
às vezes só se manifestam depois de alguns segundos ou mesmo alguns minutos. Muito influenciado pelo rótulo*, o amador esquece que
todo vinho vedado com cortiça pode ser atingido por TCA (tricloroanisol), que causa o
"cheiro de rolha"*; muitas vezes é tarde demais
e todos os convivas já foram servidos quando
ele percebe um defeito que poderia ter detectado antes e que aumenta com a aeração. "Gosto
de rolha" é uma expressão elástica que abarca
defeitos com origens múltiplas. São identificáveis pelo odor ou gosto de *mofo*, de *madeira
podre*, de "*fechado*" ou de *pó*.

3) *Exame gustativo*. Desenrola-se em três etapas;
e mais uma, frequentemente esquecida.
– Etapa 1: o *ataque*. É o primeiro contato, a primeira impressão. Para uma boa recepção das
sensações, não colocar vinho demais na boca. As
papilas são alertadas imediatamente; o proces-

so dura entre dois e três segundos. Anotam-se as sensações do ataque com um vocabulário que vai de *fugidio* a *intenso*, passando por *franco*, *limpo* e *amplo*.

— Etapa 2: *em boca*. Não há uma técnica muito precisa para ela; cada um adapta-a à sua maneira. A regra geral é mexer o vinho na boca, dando-lhe um certo volume de ar para avaliar suas "dimensões". Nesta etapa, que dura no máximo dez segundos (para não anestesiar as papilas), são analisados o sabor, a viscosidade, o eventual teor de gás carbônico, a acidez, a adstringência*, a qualidade e o volume dos taninos*, a riqueza em álcool, a qualidade da elaboração etc.

— Etapa 3: o *fim de boca*. O vinho é engolido ou cuspido. Esta etapa importante analisa o modo como ele se desvanece. Se causar uma grande impressão em meio de boca e desaparecer bruscamente sem deixar traços, se houver diluição muito rápida e desproporcional da sensação, será considerado sem equilíbrio*. Se desaparecer de modo progressivo, lento e proporcional, será definido como um grande vinho.

— Etapa 4: os "*45 segundos*". Esta etapa é sistematicamente esquecida porque se costuma dar início ao comentário assim que o vinho é engolido ou cuspido. Mas esperar 30 a 45 segundos logo depois de o vinho desaparecer fisicamente da boca antes de pronunciar-se evita um julgamento rápido demais, que pode custar caro e às vezes obriga a mudar de parecer mais tarde. É nesse curto período que aparecem os traços eventuais que confirmam a presença de açúcar residual (que torna a língua colante e pesada), um alto teor de álcool mal integrado (se a boca arder), notas e taninos influenciados pela madeira nova ou, ao contrário, uma fluidez desprovida de sabor que anuncia um vinho de pequena guarda. É também nesse momento que a expressão "gosto de rolha" é mais legível: a boca seca imediatamente, deixando uma impressão de poeira.

DELICADO

Não é sinônimo de prestigioso, mas um vinho ilustre não possuir essa qualidade seria um absurdo. Um vinho delicado indica uma elegância do *terroir** ou da casta*, mas quase sempre tem origem no saber-fazer do homem; é aquele que vinicultores com "sensibilidade" têm mais probabilidade de elaborar.

Frequentemente a delicadeza é associada à leveza, mas alguns grandes vinhos que se mostram poderosos e ricos podem ao mesmo tempo ser muito delicados.

Os climas* temperados geralmente são mais aptos a produzir sutileza e precisão. Regiões vitícolas sob influência constante de um clima muito quente dão naturalmente mais riqueza em álcool, o que pode tornar o vinho pesado.

A delicadeza aparece nos vinhos brancos* e nos efervescentes*, mas é nos tintos* que assume toda sua dimensão.

Ela se expressa também por uma certa discrição. A exuberância voluntária apregoada por algumas castas ou por alguns enólogos para atender a uma nova clientela totalmente partidária dos vinhos instantâneos e efêmeros* prejudica indiretamente a imagem dos vinhos delicados, cuja sutileza é menos chamativa.

Ver também "Mítico".

"DEMETER" (BIODINÂMICA)

Demeter é um território particular do mundo "orgânico"*, diretamente relacionado com as certificações AB* e Nature & Progrès*, mas combinado com uma verdadeira espiritualidade – o que leva os detratores desse método a dizer que os vinhateiros que o utilizam são um pouco "lunáticos".

O selo Demeter certifica os produtos (legumes, uvas etc.) provenientes da agricultura biodinâmica. Essa forma de agricultura, para a qual as práticas agrícolas devem basear-se numa compreensão melhor da natureza, estuda e procura respeitar as relações entre os astros, o planeta, o meio animal e o homem. É uma certificação muito precisa e extremamente rigorosa.

Demeter propõe para a vinicultura dois níveis de certificação: "Vinho proveniente de uvas Demeter" e "Vinho Demeter". O primeiro abrange os *crus* (as parcelas) que produzem uvas cultivadas no respeito pela biodinâmica certificada; mas não enquadra a transformação (vinificação*). Evidentemente, um vinhateiro que decidir lançar-se nessa experiência de longo prazo assume até o fim seu compromisso e transforma sua uva em suco e depois em vinho seguindo os mais rigorosos critérios biodinâmicos. O segundo nível certifica os *crus* vinificados de acordo com regras muito estritas: colagem* com clara de ovo biodinâmico, taxas de aditivos extremamente baixas etc.

Devido às enormes restrições, são pouquíssimos os produtores que escolhem esse caminho.

DENOMINAÇÃO DE ORIGEM

A filoxera* foi parcialmente responsável por uma extraordinária intervenção realizada principalmente por um homem do sul do vale do Ródano, o barão Pierre Le Roy de Boiseaumarié, conhecido como barão Le Roy (1890-1967).

A ele se deve a criação, em 1935, do Instituto Nacional das Denominações de Origem (INAO, sigla do nome em francês). Piloto de caça durante a Primeira Guerra Mundial, advogado de formação, ele cede aos encantos da herdeira do Château Fortia, um dos mais prestigiosos de Châteauneuf-du-Pape. Desiste da advocacia para converter-se à viticultura e a partir daí se torna o grande defensor da proteção e regulamentação territorial vitivinícola.

A França vitícola dessa época não vai muito bem, Châteauneuf-du-Pape menos ainda. É a época de todos os males, de todas as espécies de fraude, de queda nas vendas (e/ ou de superprodução), dos modos de cultivo pouco respeitosos do meio ambiente, do uso de uvas provenientes de outras regiões e mesmo de outros países etc.

O barão Le Roy, a rigor totalmente militar, põe-se a serviço de uma luta que, após um longo processo, resultará na criação das delimitações. Isso porque em

1923, a pedido das maiores famílias de Châteauneuf-
-du-Pape, enquanto a miséria reina nos vinhedos ele
se dispõe a refletir sobre a elaboração de um plano
regulamentar. Aceita executar essa missão com a única
condição de seus solicitantes começarem por aplicar
eles mesmos as regras totalmente revolucionárias
que redige. Em 1924, o sindicato de Châteauneuf
adota em assembleia geral os seguintes princípios
regulamentares:

– a delimitação da área de produção baseia-se na natureza do solo e na tipicidade das castas;

– a utilização de castas nobres é obrigatória e sua lista é especificada;

– os modos de cultivo são regulamentados;

– um grau mínimo de álcool é imposto (12,5°);

– a triagem das uvas deve ser feita no momento da vindima etc.

O sindicato de Châteauneuf atua então como precursor ao aplicar o equivalente do que quinze anos depois (lei de 30 de julho de 1935) se tornará uma denominação controlada. Essa regulamentação tem o efeito de uma bomba. Estende-se primeiro a todos os Côtes-du-Rhône, depois a toda a França. A obra do barão Le Roy será finalmente reconhecida e adaptada em escala internacional.

Pode-se resumir a lógica da denominação controlada da seguinte maneira: ela se apoia na noção simples de "proveniência", que pouco a pouco vai se especificando, tornando-se uma noção de "origem" e, depois, de "*terroir*", e leva em consideração os fatores naturais e humanos. O *terroir* deve imprimir ao produto sua originalidade, revelada pelo homem e suas práticas de cultivo.

A menção AOC, de "Appellation d'origine contrôlée" (Denominação de Origem Controlada), colocada no rótulo*, é um signo francês, retomado com outros nomes em escala europeia e depois mundial, com rigor e garantia variáveis de um país para outro.

DEPÓSITO

Os depósitos encontrados em algumas garrafas frequentemente são motivo de inquietude. É bem verdade que os sedimentos que repousam no fundo ou em toda a extensão da garrafa, se estiver deitada, podem causar dúvidas num consumidor menos informado.

Na maioria dos casos, trata-se de matérias sólidas formadas pela precipitação de certos componentes do vinho durante seu envelhecimento*. São depósitos naturais criados pelo tempo; em hipótese alguma resultam de um acidente causado pelo homem.

No vinho tinto*, a maioria são polifenóis que se solidificaram. Boa parte compõe-se de taninos*, mas podem ser também pigmentos corantes do vinho. Nestes últimos anos, os métodos de vinificação* e de filtragem evoluíram tanto que os sedimentos provenientes da vinificação de ontem são sensivelmente diferentes dos de hoje. As cores dos tintos eram menos estáveis e por isso podiam formar depósito, ao passo que hoje se sabe estabilizá-las pelas operações de colagem*. Em contrapartida, os hábitos e os novos métodos de filtragem tendem a refinar-se, e até mesmo a desaparecer para certas safras, o que depois de algum tempo pode gerar finos depósitos no fundo de algumas garrafas. Nas boas propriedades vitícolas, tenta-se efetivamente conservar mais extratos secos, para ter vinhos mais "vivos" e saborosos.

Como as castas tintas não têm todas a mesma estrutura tânica, não é de espantar que se encontre mais depósito de matéria num tannat (casta de Madiran) do que num gamay (casta de Beaujolais).

Já os depósitos de vinho branco* não são de origem corante; devem-se à precipitação de ácidos tartáricos (um dos compostos ácidos do vinho) mal estabilizados na vinificação. Por razões estéticas, o produtor, se quiser, fará seu vinho passar por um resfriamento, de modo a precipitá-los. Eles parecem pequenos cristais que caem facilmente no fundo da garrafa ou colam sob a rolha; por isso não é raro vê-los ao abrir uma garrafa. Nada têm a ver com açúcar.

Esse tipo de depósito tartárico também pode ser encontrado em alguns tintos, pelas mesmas razões. Aparecem durante armazenamento prolongado em local muito ou excessivamente frio (câmara fria). Não têm sabor algum; basta simplesmente retirá-los.

Embora não tenham nenhuma incidência na qualidade do vinho, esses depósitos são desagradáveis aos olhos e principalmente em boca. Por isso é preciso separá-los por ocasião do serviço, fazendo o vinho passar através de um pequeno filtro ao transvasá-lo para o *decanter**. Se o vinho for muito velho e, portanto, frágil demais para ser posto em *decanter*, depois da filtragem recoloque-o em sua própria garrafa, previamente lavada e escorrida; cuidado para não manchar o rótulo.

DOENÇA DA GARRAFA

Para o vinho, o engarrafamento é um momento difícil de suportar. Ele acaba de ser desalojado de seu grande recipiente de elaboração*, seja um tonel*, seja uma cuba*, para ver-se definitivamente aprisionado num recipiente de 750 ml. Cada vinho suporta esse período com menos ou mais sucesso: alguns são pouco afetados, outros só se recuperam depois de várias semanas ou vários meses.

Os sintomas dessa doença da garrafa podem ser detectados muito cedo para os vinhos de estrutura média e revelarem-se um pouco mais tarde para os grandes vinhos de guarda. Principalmente, não ceda ao pânico se seu *cru* predileto recentemente engarrafado não tiver mais o mesmo perfil nem a mesma clareza que no momento da degustação no barril, algumas semanas antes. A doença da garrafa é uma fase de depressão provisória, durante a qual o vinho só se apresenta em parte. Ele está desorientado. Basta não fazer nada e deixar passar.

Embora esse julgamento seja um tanto subjetivo, os sintomas do distúrbio são aproximadamente os seguintes: nariz fechado sem nitidez, boca débil e ainda não integrada, sabor carente de precisão e de frutado, homogeneidade falha, magreza, persistência de boca desanimadora etc.

Quando se trata de um grande vinho de guarda, isso não é muito importante, pois ele não está "habilitado" a ser aberto logo após o engarrafamento; mas, num vinho de consumo rápido ou de guarda média, pode ser desagradável durante algumas semanas.

Como a doença da garrafa é passageira, experimentar as mesmas sensações depois de dois anos é inquietante; nesse caso é preciso ir buscar em outra direção as causas da alteração.

EFÊMERO

Atenção, perigo! Os avanços da vinificação* e o domínio cada vez maior de todas as suas etapas possibilitaram a produção de vinhos em regiões muito (excessivamente) temperadas, em detrimento do equilíbrio natural da uva e sobretudo de sua acidez. Esses vinhos, atraentes na abordagem inicial, com uma fase olfativa potente e instantânea, frequentemente apresentam grande fraqueza de estrutura. Têm a desagradável tendência de só iludir durante alguns minutos, e quase sempre de modo "arrogante", pois, além de tudo, estão sempre ricamente envoltos em seu revestimento de madeira*.

Alguns vinhateiros não dissimulam um sorriso quando dizem que existe uma diferença fundamental entre o vinho de ontem e o de hoje (não todos, felizmente). Ontem, aconselhava-se girar o copo* para oxigenar o vinho antes do consumo. Hoje, muitas vezes é recomendável evitar essa aeração, devido ao risco de desmoronamento de todos os elementos do precioso néctar.

Esses vinhos efêmeros são vinhos recreativos, provenientes de áreas muito temperadas e elaborados para atender às demandas de uma nova clientela apressada. Instantâneos e reagentes, podem ser muito agradáveis. Mas ficam em grande dificuldade quando precisam casar com um prato. É inútil tentar fazer abrir esse vinho efêmero num *decanter**, ou esperar tanto tempo que no momento de bebê-lo a refeição já terminou. Mas sejamos claros: se ele apresenta de uma só vez todos os seus atributos e seu potencial, como ainda poderia apresentá-los uma hora depois?

Principalmente, não corra o risco de armazená-lo por muito tempo. Um vinho efêmero pode ser de grande qualidade, mas não deve custar caro demais; apenas o vinho* de grande guarda, aquele que provém de *terroir** nobre, pode aspirar a esses preços excessivos, pois só seu potencial de guarda já é suficiente para justificar uma tarifação alta. O vinho efêmero visa um nicho de mercado específico: clientela jovem, apreciador iniciante. Todo apreciador tende a fazer seu gosto e suas escolhas evoluírem para vinhos mais complexos; assim, o vinho efêmero deve ser apenas uma etapa.

ELABORAÇÃO

Fase que vai do final da fermentação até o engarrafamento*. É nela que o jovem vinho conquista o nome de "vinho"*; é seu período de "educação", o conjunto de cuidados de que necessita antes de ser comercializado.

Existem diferentes tipos de acabamento para os diferentes tipos de vinho. Mas, sejam brancos secos ou suaves, tintos leves ou de guarda, efervescentes ou rosados, todos passarão por essa etapa indispensável para sua formação.

De modo geral, consiste em eliminar as impurezas por meio de operações de trasfega (passagem de um recipiente para outro, com o cuidado de proporcionar uma aeração menos ou mais moderada), dar início ao processo de envelhecimento, fazer evoluir os aromas, complementar a estrutura natural pelo aporte de taninos* externos (os da barrica de carvalho*, por exemplo), ou ainda preparar o corte* final de todos os tanques ou todos os barris de uma mesma parcela ou de um mesmo lote.

Requer tempo e só pode ser feito em recipiente apropriado. Utilizam-se preferencialmente os tanques em inox ou em cimento para os vinhos de consumo rápido, enquanto o carvalho será mais procurado para os eméritos de grande estrutura. O volume dos recipientes é adaptado ao potencial do vinho ou ao que se quer que ele seja. Um vinho rico e denso exigirá uma quantidade importante de oxigênio para desenvolver seu potencial e portanto será acabado em recipiente pequeno, como o tonel. O que não possuir essas qualidades será transferido para um grande tanque, por causa de seu efeito de massa. O uso de madeira de carvalho para melhorar a fraqueza natural de certos vinhos está em pleno desenvolvimento (ver "*Chips* de carvalho").

ENCOSTA

Nada poderá jamais igualar a qualidade dos vinhedos em encosta, cuja exposição favorece a ação dos raios de sol*. A leitura de uma paisagem vitícola pode ser de dois tipos: qualitativa ou quantitativa. Esses vinhedos inserem-se muito naturalmente numa leitura qualitativa.

Sua fama já está consolidada, mas só é válida se houver ali um *terroir** adequado para a cultura da videira*; e muitos grandes vinhedos de renome internacional não têm um só metro de desnível. Mas um grande *terroir* em encosta dará vinhos sempre superiores, também com a condição de essa encosta estar orientada corretamente. As orientações preferenciais para o hemisfério Norte são sudeste, pleno sul ou sudoeste; para o hemisfério Sul, as opostas.

Considere-se o caso da Borgonha, por exemplo. Os vinhedos que dão a maioria dos seus *grands crus* situam-se em encosta, mas nunca estão totalmente no alto, pois ali o solo é pobre demais, nem totalmente embaixo, onde a terra é excessivamente úmida devido ao escoamento hídrico. Quando uma boa qualidade de *terroir*, de exposição e de posicionamento da parcela se juntam, a garantia de obter um "grande vinho" já está estabelecida. Entretanto, o trabalho nesses vinhedos requer tantos esforços e tanta mão de obra que no primeiro terço do século XX muitas encostas de denominações* pouco famosas foram abandonadas em proveito de terrenos planos que requeriam menos dispêndio de energia; e o cuidado das parcelas em encosta se tornara oneroso demais com relação ao preço de venda das garrafas produzidas.

Um vinhedo em encosta requer cuidados específicos e constantes. Em alguns, a inclinação pode chegar a 70%. Suas fileiras de videiras estão sob vigilância permanente, pois são escoradas por muretas que é preciso manter e reconstruir parcialmente depois de cada chuva diluviana. As fileiras podem ser plantadas paralela ou perpendicularmente à vertente, mas, seja qual for o sentido, o cultivo e a colheita requerem mão de obra numerosa e especializada. Além disso, como tudo é feito manualmente, o custo de produção tem incidência direta sobre o preço de cada garrafa. É fácil compreender por que hoje apenas vinhos de renome internacional, como os portos, os côtes-rôties, os *grands crus* do Valais suíço e outros ainda podem ser produzidos desse modo.

ENGARRAFADO

Menção obrigatória e muito regulamentada. Frequentemente passa despercebida, pois vem escrita em letras muito pequenas nos rótulos*; mas traz uma informação indispensável sobre a qualificação do engarrafador.

Engarrafador é "a pessoa física ou jurídica, ou o grupo dessas pessoas, que procede ou faz proceder por sua conta ao engarrafamento". No item "menções obrigatórias" devem imperativamente aparecer o nome ou a razão social do engarrafador, a comuna e o país, bem como a atividade que exerce (viticultor, negociante), especificada como "produzido por" e "distribuído por".

Vejamos um exemplo. Você tem em mãos uma garrafa de beaujolais; pode estar escrito: "engarrafado por... viticultor em..."; "engarrafado por... negociante em...", ou ainda: "engarrafado para..." etc.

Um vinho "engarrafado *por*..." passou por uma inspeção na propriedade; já "engarrafado *para*..." dá menos garantia quanto às precauções tomadas pelo engarrafador, visto que ele mesmo não é o proprietário desse vinho, e pode sugerir que os cuidados foram de natureza diferente.

A garrafa indica se provém de um negociante* ou de uma adega cooperativa*, o que não influi nas qualidades esperadas, pois tanto um como a outra geralmente têm grande *savoir faire* e principalmente possuem o conhecimento e o material adequados para cada necessidade.

A menção "engarrafado na propriedade" (ou "no *château*") indica simplesmente que o vinho provém de uma propriedade identificada. O negociante proprietário e algumas adegas cooperativas podem colocar essa fórmula em seu rótulo.

ENOLOGIA

Uma viagem através do tempo e do mundo. Pode ser definida como a mestria da arte do vinho em seu sentido mais amplo.

Seu campo de ação é muito vasto e tornou-se altamente técnico. Química e bioquímica do vinho, análise sensorial e inspeções, elaboração do vinho, segurança e garantia de sua qualidade, proteção contra desvios, controle total das diferentes etapas da vinificação* – todas são tarefas interligadas pela enologia. Seu trabalho termina assim que o vinho é engarrafado.

O conhecimento do vinho é uma história antiga. Sem entrar em detalhes, pode-se dizer rapidamente que há muito tempo o homem entendeu que bastava esmagar uva e abandoná-la a si mesma para ver surgir uma certa forma de ebulição que às vezes gerava uma transformação desse meio natural em produto consumível. Observou também um aumento da temperatura do meio, depois uma evidente diminuição do gosto doce, enquanto a vinosidade do álcool se desenvolvia.

Durante longo tempo o conhecimento dos mecanismos em jogo não avançou; por outro lado, o domínio e o enquadramento das diferentes etapas observadas melhoraram consideravelmente. Um exemplo entre outros: no século XVIII queima-se lentamente enxofre* em mecha sólida para proteger o vinho no barril, sendo que na época a existência dos micróbios ainda era totalmente desconhecida. Portanto, tratam do problema sem conhecer-lhe a causa. A intervenção de Pasteur*, pioneiro da microbiologia, no mundo do vinho será de fundamental importância.

O verdadeiro desenvolvimento da enologia dá-se no início dos anos 1930. Essa disciplina voltou-se para a descrição e compreensão dos processos de vinificação e conservação mais adequados para cada tipo de vinho. Os enólogos*, por sua vez, só aparecerão no final dos anos 1950...

ENÓLOGO

A julgar pelo que muitos dizem, desde o empregado de adega* até o proprietário, passando pelo *sommelier* e pelo adegueiro ou fornecedor, todos os atores do segmento vitivinícola são enólogos. Mas cada participante tem um papel preciso; é administrador, comprador, vendedor, colheiteiro etc. Exceto o proprietário vitícola, que pode possuir uma formação em enologia (e o próprio enólogo, obviamente), nenhuma outra pessoa direta ou indiretamente ligada ao segmento vitivinícola pode afirmar que é – nem ser confundida com – um enólogo.

Ele pode trabalhar para uma propriedade vinícola importante, uma adega cooperativa ou mesmo um negociante; também pode ser prestador, autônomo ou não, de um escritório local de enologia*. Sua principal atividade é a vinificação*. Atua dentro da adega de vinificação, ainda que estenda sua influência à gestão do vinhedo a fim de receber as melhores uvas para seu trabalho. Seu papel é dar absoluta segurança à transformação da uva em vinho durante todas as etapas, desde a colheita até o engarrafamento; implica otimizar a elaboração, a vinificação e a elaboração*. Ele pratica as análises necessárias, degusta os diferentes lotes e tonéis*, realiza os cortes* ou aconselha o proprietário sobre esse assunto. É essencial que trabalhe em estreita colaboração com o agrônomo (nas grandes propriedades) ou com o proprietário em pessoa, para garantir o respeito aos diversos requisitos de qualidade.

Alguns enólogos, franceses na maioria, dominam tão bem sua arte que se tornaram estrelas mundiais, e às vezes atuam em mais de trinta propriedades cada um. As más línguas pretendem que assim eles despersonalizam os vinhos para ajustá-los ao modelo universal...

ENVELHECIMENTO

Um termo a ser utilizado com conhecimento de causa, pois não se deve confundir evolução positiva e velhice.

O principal fenômeno de envelhecimento é a reação dos componentes do vinho à oxidação. Essa reação tem três etapas principais: ascensão, apogeu* e decadência.

A fase progressiva e positiva é a ascensão rumo ao apogeu, desde a primeira idade até a plenitude, a abertura completa; é a *evolução positiva*. Nem todas as etapas dessa ascensão são forçosamente muito prazerosas ao paladar. Nesses períodos, o vinho frequentemente se fecha e não tem sabor tão bom. Verifica-se isso assim que o engarrafamento termina – o vinho tem então sua doença* da garrafa – e também em certos períodos do ano, tais como a subida da seiva no final do inverno ou durante os grandes calores estivais.

Depois, cedo ou tarde, chega o apogeu, esse momento tão esperado de plenitude, de amadurecimento total. Em certos vinhos de estrutura mais frágil, ele chega sem avisar. Pega você de surpresa, dando-lhe apenas alguns meses para aproveitar todo o potencial de seu vinho.

O apogeu cede lugar ao início da decadência e do enfraquecimento; é a *evolução negativa*, a decadência. É contra essa etapa que é preciso precaver-se, pois, quando o vinho entrar nessa fase, você terá perdido definitivamente seus melhores momentos.

Infelizmente, não há prazo de validade no rótulo*, apenas raríssimas recomendações do vinicultor. Mas o vinho dá alguns sinais premonitórios. Os vinhos brancos secos exibirão uma cor ouro-acastanhada e perderão brilho. Os doces, que podem ter uma evolução um pouco diferente e muito mais lenta, mostrarão um aspecto idêntico, mas um pouco mais tarde. Apesar da cor desbotada, sua taxa de açúcar residual permite-lhes dar algum prazer por mais tempo. O aspecto dos tintos trocará a cor vermelha por nuances atijoladas e depois marrom-escuras. Apenas a cor dá sinais precursores de envelhecimento avançado; a abertura da garrafa geralmente confirma que já é tarde demais.

O único meio seguro de você não se deixar surpreender é degustar seus vinhos em intervalos regulares.

ENXOFRE

Atenção: palavra usada anarquicamente, que parece encarnar sozinha quase todos os males do vinho.

Entretanto, o enxofre é apenas um elemento natural, conhecido na forma de cristais de cor amarela e presente com abundância na natureza, sobretudo nas regiões vulcânicas. Insípido, não se dissolve na água. Empregado como fertilizante (sulfato), é um agente essencial para os seres vivos. Utilizado em altas doses durante boa parte do século XX, é responsável pelo efeito analgésico de numerosíssimos *terroirs* vitícolas. Reduzido a pó, queima liberando uma chama azul e uma fumaça irritativa.

O dióxido de enxofre (SO_2) é um gás denso, incolor e tóxico; sua inalação é fortemente irritativa. É também o antisséptico protetor universal de todos os vinhos. Seu uso em vinificação* é primordial: é pela introdução de SO_2 que se opera a seleção nas populações de leveduras na base, para ficar apenas com as que darão origem à vinificação, geralmente mais resistentes que as outras. Sem aporte de SO_2 não é possível garantir, preservar ou controlar um vinho a fim de evitar-lhe toda e qualquer refermentação ou doença microbiana.

Apesar de conhecido desde a Antiguidade, só entrou em uso na época moderna. Tem o inconveniente de ser desagradável ao olfato e em doses altas causa dores de cabeça. Pode ser usado em todas as fases de produção do vinho, desde o suco até o engarrafamento*, passando pela maioria das etapas de vinificação.

A quantidade de enxofre acrescentada é um fator suplementar de proteção. Assim, um vinho sulfitado suporta melhor as variações de temperatura e as más condições de transporte. Já o vinho sem enxofre, como o dos vinicultores da tendência orgânica* mais engajada, sofre com os maus-tratos infligidos pelo transporte e não tolera uma temperatura de armazenamento superior a 15 °C. Por esse motivo, a questão da dosagem de SO_2 é essencial para todo vinicultor engajado num processo de cultura biológica ou biodinâmica, que precisa proteger seu vinho pelo menos um pouco se desejar exportá-lo ou mesmo simplesmente fazê-lo sair da adega sem nenhum risco.

ÉPOCA GREGA

No Egito antigo havia alguma viticultura organizada; também no Irã, onde foram encontrados vestígios de vinho numa ânfora de 7 mil anos. Mas a Grécia foi o país que mais participou do desenvolvimento de toda a viticultura e da comercialização da uva fermentada.

A produção não controlada do vinho proveniente de videiras selvagens remonta a cerca de 7 mil anos nas terras altas do Egito, da Mesopotâmia, da Turquia, do Irã. Por volta de 6000 a.C. começa-se a cultivar a videira*. No Egito o vinho estava reservado à elite; o povo bebia cerveja. Ele se "democratiza" entre os gregos e os etruscos.

Para os gregos, o vinho foi criado por Dioniso. Essa é também uma tradição que remonta a 4000 a.C. Um sinal da grandeza desse povo é que ele tornou o vinho importante para outros que não conheciam essa cultura. Aliás, foi certamente a produção excedentária de vinho e azeite que impulsionou os gregos da época arcaica a explorar novos mundos e proporcionou-lhes expansão marítima e poderio.

A arte da vinificação deu à Grécia antiga um poder econômico sem igual. Supõe-se que, mesmo nessa época muito distante, a cotação do vinho era muito alta, visto que eles dominavam tão bem sua elaboração. Todos os elementos estavam reunidos para produzir naturalmente vinho "de alta expressão": sol*, solos calcários pobres ou solos vulcânicos. Trabalhavam com as mais diversas plantas e ao mesmo tempo aprendiam a conhecê-las e "domá-las". Certamente é por essa razão que ainda hoje a Grécia conta com mais de 300 castas diferentes.

ÉPOCA ROMANA

Gregos e fenícios implantaram a videira em toda a bacia mediterrânea entre 1500 e 500 a.C. Os dois povos se interessaram pela Itália e mais particularmente pelo sul. No ano 1 d.C., cada romano bebia em média meio litro de vinho por dia. Os gregos foram os primeiros exportadores de vinho, mas apenas comercializavam produto "transformado", ao passo que Roma exportava a matéria-prima e principalmente seu saber-fazer no cultivo da videira e na vinificação*. Levaram a viticultura para a França, a Espanha e os territórios "nórdicos", primeiramente ao longo das vias navegáveis. Se os gregos já estavam presentes na Gália, com vinhedos principalmente no litoral mediterrâneo, Roma os estendeu a todos os territórios interiores e navegáveis. Organizaram e disciplinaram o cultivo da videira, instauraram o uso do esteio ou tutor (estaca fincada na terra para sustentar a videira) e sobretudo melhoraram consideravelmente a prensagem e o armazenamento. Os romanos eram "viticultores" muito organizados. O vinho romano era elaborado sem controle da fermentação*, pois esse processo não era conhecido nem compreendido. Estabilizavam a produção por meio de redução ou cozimento; depois a protegiam com méis e outras substâncias.

Sob influência de Roma, a Gália aprofundou o desenvolvimento do vinhedo e principalmente de toda uma indústria em torno do vinho. A queda do Império Romano em 476 d.C. colocou fim nesse desenvolvimento estratégico da viticultura.

EQUILÍBRIO

Um grande vinho tem de ser equilibrado. Sem necessitar de profundos conhecimentos em enologia*, um apreciador atento poderá avaliar sem dificuldade o equilíbrio de um vinho pelo prazer* que este lhe proporcionar. A noção de equilíbrio está diretamente ligada às percepções de nossos sentidos, principalmente do olfato e do paladar. É o prazer sensorial mais inconscientemente buscado por todo degustador.

Um vinho pode ser comparado com um edifício: seu equilíbrio depende de sua arquitetura. Para alcançá-lo, tanto a adequação entre o *terroir** e a casta* como a sinergia entre a natureza do solo e o contexto climático devem ser totais.

Os parâmetros que atuam nessa noção são muito numerosos e todos fundamentais: a natureza do solo e do subsolo, a escolha da raiz* (porta-enxerto) e da casta, a densidade de pés plantados por hectare, a condução da poda* (determinante para o rendimento), a maturidade* da colheita e, evidentemente, o método de vinificação*. Para produzir um vinho de grande equilíbrio todos esses critérios devem imperativamente estar reunidos; mas ainda restam o desconhecido e o incontrolável – ou seja, o clima* e suas incidências. Ele pode causar grandes distúrbios até o último minuto antes da colheita.

Como se pode ver, o equilíbrio é determinado principalmente pela vinha, mas deve ser mantido e respeitado ao longo de todo o processo de vinificação. Em caso de sucesso (voluntário ou involuntário), ele se expressará pela harmonia entre os sabores doces, ácidos e amargos. Toda retificação – mesmo que autorizada por um regulamento – durante a fase de vinificação quebrará essa cadeia de equilíbrio.

FEIRA DE VINHOS

Conceito relativamente recente, que só devia visar uma clientela específica, mas hoje cativa muito além do círculo de iniciados, atraindo até mesmo alguns empregados de restaurante enviados por sua direção geral – e tomando o cuidado de manter o anonimato – para poderem tirar proveito de uma boa operação pontual e da venda por garrafa, chamada em francês *casse des caisses*, literalmente quebra das caixas.

"Quebrar uma caixa" (*casser une caisse*) significa não vender o conteúdo em sua totalidade, como se faz no mercado profissional, e sim possibilitar que o interessado compre apenas uma ou duas garrafas e assim evite um investimento alto demais.

Para o amador menos experiente nem sempre é fácil fazer suas escolhas numa feira de vinhos. É um evento para o qual é preciso preparar-se e fazer cálculos. É importante colher previamente informações indispensáveis para o momento da compra, principalmente com relação à qualidade da safra* e seu potencial de guarda – sem esquecer, é claro, a comparação dos preços anunciados.

Alguns esperam sistematicamente essa ocasião para refazerem seu estoque. A operação toda é principalmente um ótimo negócio para as grandes marcas distribuidoras, que atraem multidões à custa de festas de degustação faraônicas; mas não deixa de ser sedutora, tanto pelos preços como pelo ambiente. Infelizmente, apenas as regiões que possuem as maiores áreas plantadas e vinícolas de grande porte podem realmente apresentar-se numa feira de vinhos.

A grande marca que aproveita o potencial de compra da feira para escoar volumes importantes oferece a seus clientes tarifas muito vantajosas. Bordeaux, que possui as maiores propriedades da França, às vezes precisa abrir espaço em seus estoques antes de acolher uma nova safra. Por isso os vinhos de Bordeaux são os mais representados nas feiras, e muitas vezes os mais atraentes.

Frequentemente os vinhos foram entregues só alguns dias antes do lançamento da operação; nesse caso não há nenhum risco ligado a um mau armazenamento, principalmente se o comprador optar por uma caixa completa e fechada que evitará os danos de uma exposição à luz. Para diversificar a oferta, o estabelecimento também propõe nessa ocasião toda uma gama de denominações* de proveniências diversas.

FERMENTAÇÃO ALCOÓLICA

Atrás dessa expressão esconde-se um metabolismo liliputiano tão simples e natural (aparentemente) que esquecemos sua importância fundamental quando servimos uma taça* de vinho.

Sem fermentação alcoólica não há vinho.

É nessa etapa que as leveduras* (fungos microscópicos) transformam os açúcares naturais da uva em álcool etílico, com liberação de dióxido de carbono (CO_2) e de calor. Nela são produzidos não só os compostos mais influentes, como os gliceróis, os ácidos de todos os tipos e as substâncias aromáticas, como também os compostos derivados.

As leveduras, autoridades competentes no processo de fermentação, estão à nossa volta, são onipresentes na natureza. Presentes na película (pruína) das uvas, na superfície do equipamento e nas paredes da adega*, integram a categoria das chamadas "leveduras selvagens" ou naturais. Quando provêm de famílias medíocres (o que é comum, infelizmente), o vinhateiro se vê obrigado a recorrer às chamadas "leveduras selecionadas" ou "de acabamento".

As leveduras têm suas exigências para um bom desenrolar da fermentação. Não observar essas condições é certeza de uma vinificação problemática. A temperatura ambiente não deve estar abaixo de 10 °C a 12 °C, sob pena de retardar ou mesmo interromper o processo. Temperaturas altas demais também têm efeitos negativos, pois acima de 45 °C-50 °C as leveduras morrem. Por outro lado, embora a fermentação seja um processo anaeróbico (que se desenvolve em meio sem oxigênio), elas precisarão de oxigênio para multiplicar-se; esse é um cuidado constante do vinificador. O álcool que produzem prejudica-as se for em quantidade excessiva (16°-18°).

Os aromas originários da uva após fermentação denominam-se aromas primários; os que provêm da fermentação são os aromas secundários; os que discernimos após alguns anos de garrafa são os terciários.

FERMENTAÇÃO MALOLÁTICA

Expressão frequentemente ouvida de vinicultores, enólogos* e *sommeliers** para designar a transformação do ácido málico (instável) existente naturalmente na uva em ácido lático (estável) obtido pelo processo conhecido como "segunda fermentação".

Essa transformação tem como objetivo suavizar ou amaciar os vinhos – o que não é forçosamente desejado por todos os vinhedos. Nos mais ensolarados, por exemplo, a fermentação malolática pode ser voluntariamente bloqueada a fim de conservar uma certa acidez* de estrutura, necessária para o equilíbrio*.

Em contrapartida, ela é benéfica para os vinhos tintos* e para certos vinhos brancos*, principalmente os que em seguida estagiarão em tonel* de carvalho*, especialmente nas regiões vitícolas de clima mais frio, como os vinhedos situados bem ao norte, pois sua acidez natural é alta. Assim, a maioria das grandes marcas de champanhe faz sua "malolática" para baixar a acidez*; mas algumas vinícolas a dispensam a fim de produzir vinhos de maior guarda.

FILOXERA

A mais temível inimiga da videira.

Sua aparição na França, identificada em 1863, aconteceu no sul e no sudoeste, mais precisamente nos departamentos de Gard e Gironde. Foi o maior flagelo que o vinhedo mundial já conheceu. Proveniente da América, chegou na bagagem de viveiristas curiosos. Eles desejavam testar novas variedades de videira para melhorar a baixa produtividade do vinhedo francês, mas carregaram também esse inseto que se aloja nas raízes e se alimenta de sua seiva. Esse pulgão foi tão terrível que dizimou vinhedo francês e depois o mundial, em trinta anos. Uma videira infestada por filoxera morre em três anos.

Desnorteados pela extrema rapidez da praga, os viveiristas e pesquisadores levaram algum tempo para se dar conta de que as videiras americanas resistiam a ela. Tiveram a ideia de enxertar as videiras francesas em raízes* americanas.

O procedimento não foi unanimemente acolhido sem reservas. Ainda em 1872 ofereceram 20 mil francos a quem encontrasse um remédio eficaz contra a filoxera. A lista de soluções apresentadas era das mais heteróclitas: enterrar um sapo sob cada videira, esfregar o tronco com alho moído, bater o solo, exorcizar etc. O governo interveio e ofereceu 300 mil francos (que, aliás, nunca distribuiu) para ouvir soluções sérias. Três se destacaram: inundação (inviável); areia, pois o inseto não consegue deslocar-se sobre ela (por isso, ainda hoje os vinhedos com tendência arenosa, como os de Camargue, não são atingidos); e, por fim, sulfeto de carbono (vaporização de enxofre sobre carvão em brasa). Este último procedimento tinha um sério inconveniente: matava de fato a filoxera, mas também a videira. Além disso, os trabalhadores dos vinhedos caíam doentes, e o produto era tão inflamável que a todo momento havia risco de explosão. Assim, pouco a pouco o porta-enxerto foi se impondo em toda a parte.

Também em consequência dessa epidemia, o comércio e a exportação de videiras foram submetidos ao regime de quarentena, pois não havia no planeta um único viticultor que desejasse enfrentar de novo uma catástrofe de tal amplitude.

FRUTADO

Qualificação tão maltratada quanto a de "seco"*, indica o caráter muito particular de um vinho cujos aromas e sabores (o conjunto gosto-odor) de frutas derivam diretamente da uva. Para que um vinho mereça esse qualificativo, sua dominante de fruta deve superar os outros flavores provenientes das operações de vinificação. O frutado de um vinho revela-se tanto no nariz como em boca.

Em degustação, vinho "frutado" opõe-se a vinho com "caráter de madeira"*, e é nesse ponto que as confusões de terminologia se instalam. O degustador defronta-se com numerosas *famílias olfativas* bem identificadas; mas as dez principais (as mais facilmente reconhecíveis) são as famílias: madeira, animal, balsâmica, especiarias, empireumática, etérea, floral, frutada, láctea e vegetal. Infelizmente, com muita frequência a família frutada é citada a torto e a direito, no lugar de alguma outra.

Costuma-se, e com razão, relacionar o frutado à primeira juventude de um vinho. Entretanto, seria errôneo pensar que essa família só acompanha um certo período da vida do vinho. O amadurecimento em garrafa provoca naturalmente uma evolução do frutado e com frequência permite alcançar notas mais quentes e mais complexas. Pode-se diferenciar o frutado fresco e primário, com notas de fruta íntegra e muitas vezes um pouco ácidas, do frutado quente, envolvente e evolutivo, resultante de uma safra de clima quente que terá reduzido e compotado* os aromas para dar notas de ameixa ou de ameixa seca.

GEOBIOLOGIA

A acupuntura da videira...

Geobiologia é o estudo das influências que o meio ambiente exerce sobre o ser vivo. Ela pesquisa os fluxos de energia (tais como as radiações recebidas do cosmos ou do centro da Terra) e tenta determinar seu impacto. Estuda, por exemplo, os distúrbios que as cargas elétricas e as alterações naturais de um lugar (postes, fios de alta tensão, passagem de água subterrânea, falhas, cavidades etc.) ocasionam em seres vivos.

Derivado dessa área de pesquisa em expansão e de práticas mais antigas semelhantes à radiestesia, o estudo das energias nas parcelas é cada vez mais levado a sério e praticado por um número crescente de grandes viticultores, que recorrem a "geobiólogos" para melhorar naturalmente a qualidade de sua colheita. Esses viticultores há muito tempo compreenderam que um vinho nasce na vinha e não na adega, mesmo que esta seja de última geração. O geobiólogo analisa o que pode prejudicar o desenvolvimento harmonioso da vida vegetal num determinado espaço; em seguida, simplesmente pratica pontos de "acupuntura" em cada parcela para "fortalecer e alinhar os padrões vibratórios".

"GOSTO DE ROLHA"

O medo de deparar com uma garrafa com "gosto de rolha" – ou *bouchonné* (em francês, *bouchon* = rolha) – tornou-se uma obsessão por parte do vinhateiro e principalmente do comprador de hoje.

É bem verdade que, da poda* da videira* até a elaboração do vinho*, são necessários em média de 19 a 34 meses de labuta para produzir um vinho, e que o resultado desse trabalho pode ser anulado num instante por causa de um pedaço de cortiça com não mais de 45 mm de comprimento. Muito esperto aquele que souber dar uma explicação plausível para o infeliz detentor de uma garrafa *bouchonnée*. A impressão de injustiça é tanto mais forte quanto mais ilustre é o vinho.

Esse "gosto de rolha" é bem difícil de definir. Geralmente o comparam com um odor ou gosto de mofo, de "fechado", de pó ou de papelão molhado.

Tentar detectar o mais cedo possível um defeito atribuído à rolha requer um certo hábito. Regra número um: nunca abrir uma garrafa e servir de uma só vez todos os convivas antes de assegurar-se de que o vinho não está alterado. Mas captar a eventual alteração não é coisa fácil. Essa anomalia é viciosa. Pode não revelar-se na abertura para aparecer e intensificar-se com a aeração do vinho na taça*.

Para identificar o mais cedo possível um eventual gosto de rolha, não agite sua taça. Se o vinho estiver alterado, mesmo que muito levemente, os aromas frutados* ou florais que você espera não se exporão de modo franco e distinto. É um primeiro sinal de alerta. Em contrapartida, se agitar a taça imediatamente depois de servir o vinho, essa aeração intensificará os aromas, camuflando (provisoriamente, infelizmente) os indícios da alteração.

Não espere nada de um vinho alterado, mesmo que muito fracamente, na abertura da garrafa. Os estragos são irremediáveis. A passagem para a jarra* ou a espera prolongada não fazem mais que acentuar o defeito. Inútil acusar adegueiros e vinhateiros; eles não poderiam fazer nada. Apenas o fabricante da rolha talvez pudesse ter evitado o desastre verificando uma a uma cada rolha – operação que, como é fácil compreender, é praticamente inviável.

Uma nova geração de rolhas*, chamadas de "tecnológicas", está sendo testada em escala internacional; parece que seriam totalmente satisfatórias, garantindo o "zero defeito". Apesar desses ótimos resultados, ainda continuam em fase de prova, pois, se os testes qualitativos são muito positivos, os visuais nem tanto: a rolha não exibe as características visuais dos modelos habituais, geralmente é mais curta e confeccionada com pedaços de cortiça comprimidos.

IRRIGAÇÃO

Em viticultura, ao contrário da uva de mesa, controlar o rendimento e a qualidade da uva de vinho requer uma limitação do aporte hídrico. Na França, a prática da irrigação de videiras "adultas" por gotejamento é muito regulamentada. Pode-se perfeitamente utilizar o gotejamento para fazê-la brotar e crescer, desde o plantio até seu terceiro ano. Mas, assim que o fruto se torna utilizável para fazer vinho, a rega deve cessar. Por isso um vinhateiro sério busca continuamente meios de evitar o estresse hídrico sem irrigar.

Talvez como consequência direta da evolução climática, as perdas hídricas por evaporação estão se tornando inquietantes em certas regiões; mais ainda para as propriedades vitícolas financeiramente fracas, que por falta de pessoal não podem trabalhar os solos de modo permanente. Reduzir a sensibilidade dos vinhedos aos episódios de seca é uma preocupação nova do segmento vitícola.

Adaptando o solo é possível reduzir um pouco o impacto desse fenômeno. Para valorizar a pluviometria facilita-se a infiltração trabalhando a terra e plantando entre as fileiras gramíneas adequadas, de modo a reduzir o escoamento e a evaporação da água. Essa grama é usada apenas no período hibernal e destruída no momento em que a vinha precisa da reserva de água; caso contrário, o efeito pode ser o oposto do desejado.

As plantações mais recentes utilizam porta-enxertos (raiz*) e castas* mais adaptadas a essas novas condições.

KOSHER

A "fabricação" de um vinho *kosher* é um ato sacramental. O caderno de encargos é bastante estrito, principalmente devido à proibição de todo contato direto ou indireto entre o próprio vinho e qualquer outra pessoa que não o representante do rabino, desde a vinificação* até o engarrafamento*. Se, por erro, ocorrer um contato, ele imediatamente questionará a validade da denominação "vinho *kosher*".

Concretamente, exceto a delegação rabínica, ninguém está autorizado a manipular nem mesmo um tubo ou um recipiente nem a iniciar ou interromper o movimento da cadeia de elaboração de um vinho *kosher*. Por exemplo, são colocados longe de qualquer pessoa que não faça parte da delegação rabínica todos os painéis de comando elétricos (disjuntores, botões de acionamento etc.).

Quanto ao processo de vinificação, é globalmente igual ao do vinho não *kosher*. Os produtos e matérias autorizados e empregados são os mesmos de uma vinificação tradicional, mas admitem-se apenas as leveduras* e os filtrantes com certificação *kosher*. Os produtos de origem animal (clara de ovo para a colagem*) e os agentes de conservação são proibidos.

O vinho *kosher* pode ser proveniente de vinícolas de Israel, mas os grandes *domaines* franceses e internacionais oferecem também um processo de vinificação *kosher* de alguns de seus lotes. Se o equipamento de vinificação não for reservado exclusivamente para uma produção *kosher*, deve passar por um tratamento ritual.

Para os judeus praticantes, o vinho *kosher* é o único admitido.

LÁGRIMAS (OU PERNAS)

Quanto palavreado em torno dessas famosas lágrimas, pernas etc. que qualificam a viscosidade de um vinho na parede da taça*!

Os perseverantes se deliciarão com explicações menos ou mais científicas, tais como: "Trata-se de uma reação física que pode expressar-se por um teor de álcool que modifica a tensão superficial do vinho, influindo na velocidade de escoamento das lágrimas ao longo do copo." Os extremistas não deixarão de recorrer à tese do físico italiano Carlo Giuseppe Matteo Marangoni sobre as transferências de calor e de massa, e falarão de "efeito Marangoni".

Mais simplesmente, a questão é: as lágrimas, sua largura e a lentidão do avanço na parede da taça são por si sós um sinal de qualidade? A resposta é negativa.

São de fato um prenúncio de riqueza ou potência, mas em hipótese alguma um sinal de qualidade. Esse aspecto visual não desprovido de sensualidade anuncia apenas um eventual conforto de boca. A viscosidade nas paredes do copo dá uma indicação sobre a untuosidade, a redondez e o corpo, mas em nenhum caso é indício de grandeza ou de potencial de guarda (ver "Degustar").

LEVEDURA

Sem ela não há vinho. É esse fungo microscópico que transforma naturalmente o açúcar da uva em álcool.

Hoje há arrolados mais de 300 tipos de leveduras; apenas cerca de dez participam da produção do vinho. Como todo organismo vivo, a levedura necessita de energia para sobreviver. O açúcar natural da uva é essa energia, e o álcool é o resíduo da reação energética. Para a levedura, o álcool é lixo que precisa ser expelido para fora de sua membrana – aliás, ela tem grande dificuldade para produzir álcool além de 15°, pois essa gradação em excesso torna-se fortemente tóxica. Depois de fazer seu trabalho, a levedura morre.

Diferentes populações de leveduras sucedem-se durante a fermentação*, em função de suas capacidades respectivas. Há leveduras encarregadas de dar início ao processo. Elas são substituídas pelas que vão levá-lo a termo. Depois, em certos casos intervêm as de acabamento, que conseguem agir num meio hostil porque já muito alcoólico.

Terminado seu trabalho, são separadas do vinho pronto pela operação de trasfega: o vinho é escoado do barril para um outro, por gravidade, a fim de não recolocá-las em suspensão. Mas alguns vinhos (champagne, muscadet) precisam permanecer em contato com leveduras mortas, pois elas têm um efeito antioxidante.

As leveduras existem em estado natural na casca das uvas e também nas adegas de vinificação (quando não são asseptizadas como numa sala de cirurgia). Basta despertá-las colocando-as em contato com o suco de uva cheio de açúcar e proporcionando-lhes de início uma temperatura de mais de 15 °C. Ao entrarem em ação (borbulhamento nas cubas*), elas liberam, além do álcool, CO_2 e calor. Não é necessário dar-lhes calor suplementar; muitas vezes é preciso até mesmo resfriar a adega ou a cuba por meio de serpentinas pelas quais circula água muito fria.

MAGNUM

A capacidade das garrafas de vinho vai de 200 ml (quarto) a 15 l (nabucodonosor, em Champagne). A garrafa tradicional e (quase) universal contém 750 ml. A magnum é simplesmente seu dobro (1,5 l).

A maioria dos apreciadores sabe que para o vinho ela é a melhor. Todos os experimentos realizados mostraram que a influência da idade marca menos um vinho em magnum do que o mesmo em garrafa tradicional. O resultado é um vinho mais fresco, menos oxidado, de aparência mais jovem, pois envelheceu mais lentamente. Isso muito certamente se deve à diferença de proporção na relação volume/

quantidade de oxigênio que entra na garrafa. Como o gargalo da magnum é do mesmo tamanho que o da comum, nela a oxigenação é menor e mais lenta, visto que o volume de vinho é o dobro.

A compra de uma magnum deve ser pensada em função da necessidade. Quem costuma abrir vinho para seis ou oito pessoas de uma vez provavelmente tem mais necessidade de magnuns do que de garrafas comuns. Nem todos os vinhos são sistematicamente engarrafados em magnum, mas é possível encontrá-la em todas as regiões vitícolas e em todas as cores, mesmo *rosé*.

Além do porte majestoso, a magnum evitará uma manipulação dupla: dá duas vezes mais trabalho preparar duas garrafas comuns. Se o vinho merecer um transvasamento para *decanter** e você não possuir um *decanter* magnum, basta passá-lo para dois comuns.

O único problema – porém grande – que pode afetar a magnum é que, em caso de gosto de rolha*, ele terá alterado de uma só vez o volume de duas garrafas comuns. Sem dúvida é por isso que mesmo os amadores bem informados sempre ficam majoritariamente reticentes diante da magnum no momento da compra.

MARGENS

Quem observar um pouco a fisionomia dos vinhedos muito antigos, criados ou dinamizados pelos gregos ou pelos romanos, forçosamente perceberá que quase todos se situam ao longo de alguma massa de água*, seja à beira-mar ou nas margens de um grande ou pequeno rio.

Muitos dos vinhedos se implantaram nos locais onde as embarcações se detinham. A água possibilitou o desenvolvimento do comércio do vinho. Mas a verdadeira riqueza de uma massa de água não consiste em seu uso para o transporte, mas na capacidade de criar um contexto climático favorável e seguro.

Por um lado, a massa de água protege os vinhedos dos estragos irreparáveis provocados pelo frio intenso e suas manifestações; por outro lado, mantém uma porcentagem higrométrica constante, graças à qual as folhas da vinha estão sempre úmidas e assim conseguem resistir ao calor extremo (como a canícula da safra de 2003 na Europa, por exemplo). Outros cursos d'água geram a névoa matinal necessária para o desenvolvimento da podridão* nobre que dá origem aos grandes vinhos suaves, licorosos e outros. Já os lagos, pela intensa reverberação que geram, difundem uma luminosidade constante, proporcionando maturidades excepcionais a todas as castas próximas.

A influência da água na elaboração do vinho é indiscutível.

MATURIDADE

A uva alcança a maturidade no momento em que ficar totalmente madura. Mas sua maturidade ótima é de curta duração. Logo depois dessa plenitude, ela entra numa fase excessiva. Assim como o vinho na aurora do apogeu*, a uva em fim de ciclo está sob extrema vigilância, pois muitas vezes o momento de plena maturidade dura apenas alguns dias, até mesmo algumas horas. Passado esse tempo, criam-se desequilíbrios: a acidez* não consegue mais suportar a riqueza dos componentes, os açúcares tornam-se dominantes, o que dará vinhos mais ricos em álcool* real, frequentemente muito coloridos (no caso de uva tinta), muito mais suaves e redondos. Atualmente muitos vinhateiros procuram essa fase de grande maturidade, pois produz vinhos correspondentes aos desejos de nossa época. O consumidor de hoje, sempre apressado, não quer mais deter-se por muito tempo na complexidade de um vinho nem esperar demais para bebê-lo (ver "Efêmero").

Os vinhos de maturidade excessiva raramente são desagradáveis, mas não podem rivalizar no tempo com os que provêm da maturidade perfeita. A maturidade ideal é uma garantia de produzir vinhos de alta classe, com grande equilíbrio e potencial de envelhecimento*.

MEDALHAS

O que diz a medalha sobre a qualidade de um vinho?

Ela reflete menos a qualidade intrínseca do vinho do que o nível do júri que a concedeu.

Antigamente algumas garrafas vinham mais engalanadas que um oficial soviético, a ponto de não exibirem nem mesmo o nome do produtor do vinho. Os vinhos de vinícolas de notoriedade internacional, aquelas que todo ano fazem o melhor trabalho, nunca são apresentados diante dos júris de degustadores e não exibem na garrafa nenhum tipo de medalha, pois não precisam desse subterfúgio para sua divulgação: a qualidade fala por eles.

Deve haver na França uma centena de concursos de degustação menos ou mais respeitáveis, dos quais cerca de quinze se destacam. Cada organização cria seu sistema de notação e concede medalhas, cujo significado frequentemente se limita a uma única informação garantida: a de que esse vinho participou da competição em questão.

Atualmente, 80% dos consumidores menos experientes que fazem suas compras sem assistência escolhem vinho medalhado. A medalha funciona como uma marca a mais de segurança, embora oficialmente não ateste um nível de qualidade. Indica, quando muito, que, de um número desconhecido de vinhos apresentados, aquele que a exibe venceu. Foi a vitória do poder, do modernismo, de uma forte "magnitude" frutada ou de uma caricatura encharcada de álcool e com excesso de madeira?

O valor de uma medalha resulta da competência e homogeneidade do júri. Um júri incoerente e frívolo produzirá medalhas qualificáveis do mesmo modo. Além disso, a medalha reflete apenas a euforia de um momento preciso. Apresentar os mesmos vinhos ao mesmo júri, mas em outro lugar e alguns dias depois, resultará certamente numa classificação diferente.

É bem verdade que um vinho medalhado nunca é detestável e às vezes pode até mesmo impressionar. Mas saberá encantar, emocionar, entusiasmar? Infelizmente, para muitas vinícolas a medalha é o único meio de atrair atenção. E parece que funciona.

MINERALIDADE

Termo empregado com muita (excessiva?) frequência por grande parte dos profissionais, mas bastante difícil de definir e raramente consensual. Há uma parte de subjetividade nessa sensação, mas o certo é que a vinha conduzida com o maior rigor num solo pobre e muito pedregoso, calcário ou vulcânico, produzirá vinho com odor e sabor minerais. É principalmente uma sensação gustativa.

A sensação de mineralidade muitas vezes é associada à de acidez. Aromas de pederneira, de sílex são suas notas típicas. Algumas notas "de petróleo", frequentes nos rieslings alsacianos de grande guarda, também são assimiladas às notas minerais. A fronteira entre as sensações ácidas e minerais é bastante imprecisa, mas pode-se afirmar que a impressão "pedregosa" em boca, a de chupar um pedregulho (nesse momento se pergunta a que data remonta o último pedregulho chupado...), é um sinal evidente de mineralidade.

Costuma-se destacar como negativo um excesso de acidez, mas nunca um excesso de mineralidade. Ela é uma noção positiva; é a mensagem enviada das profundezas do solo, um sinal de pureza e de complexidade. É o Graal dos maiores degustadores, a retidão insubstituível buscada pelos verdadeiros apreciadores de *terroir*, que atribuem pouco interesse ao frutado* ou ao caráter de madeira*. É característica dos grandes vinhos brancos, mas alguns tintos provenientes de cultivo biológico, e principalmente biodinâmico, hoje conseguem dar francas sensações minerais, em detrimento de um frutado limpo e intenso.

Atenção para não confundir a mineralidade natural, devida a um *terroir* profundamente pedregoso, com uma sensação de boca quase semelhante, mas causada por uma retificação dos ácidos com o aporte de ácido tartárico. As texturas de boca de um vinho com correção tartárica da acidez são muito menos confortáveis: tornam-se duras, quase áridas no meio da degustação.

MÍTICO

Um termo que todos conhecem, mas um vinho que é reservado a poucos. Quando as mais belas realizações do mundo "rural" entram para o universo do luxo...

Alguns conhecedores adquirem suas garrafas pelo conteúdo; outros, pelo valor simbólico. Os vinhos de grande prestígio são peças de coleção, para desespero dos chefes de adega, que sabem inelutavelmente que uma parte nunca será consumida. Alguns chegam a ser objeto de um verdadeiro culto, pois o número dessas divindades em escala planetária se conta pelos dedos das duas mãos.

O vinho mítico pode ser proveniente de uma parcela excepcional, identificada desde o século XV; é o caso do *grand cru* Romanée-Conti na Borgonha, ou de uma propriedade inteira, como Pétrus ou Château d'Yquem em Bordeaux (quatro séculos de história), ou mesmo de toda uma área de denominação*, como a AOC Montrachet na Borgonha, com uma superfície de 7,99 ha para 18 proprietários diferentes.

Os vinhos míticos não são unicamente tintos; os brancos estão fortemente representados e podem ser secos ou licorosos.

A grande maioria provém do hemisfério Norte, mais particularmente de territórios europeus como França, Itália, Espanha, Alemanha, Hungria; mas na Califórnia, na Austrália e na África do Sul existe uma pequeníssima produção de vinhos muito valorizados, apesar de uma história muito mais recente. Esses vinhos raros são muito caros. Como sua produção é insuficiente para atender à demanda mundial, tornam-se naturalmente produtos de especulação.

A degustação de um vinho mítico exige do felizardo muita serenidade, pois "vinho raro" não é sinônimo de "exuberância". É preciso possuir um bom conhecimento dos códigos do luxo para aproveitar (quase) totalmente todas as sensações que ele pode proporcionar. Vinhos míticos são o contrário da facilidade e do efêmero*; são o reflexo de suas histórias, geralmente muito antigas, e pedem tempo para se abrir. É inútil pressioná-los com efeitos de *decanter**; eles nunca mostram seu imenso talento na precipitação.

São míticos para sempre e simplesmente merecem ser.

MONOCASTA (OU MONOCEPA)

Embora a grande maioria dos vinhedos do planeta utilize castas diferentes que em seguida serão associadas para a produção de um mesmo vinho, a monocasta ou monocepa é hoje uma tendência em desenvolvimento.

É preciso distinguir dois tipos de monocasta: a casta* utilizada sozinha numa região muito bem definida, cuja produção obedece a uma regulamentação oficial e frequentemente antiga; e aquela que um vinhateiro voluntariamente utiliza sozinha para produzir um vinho mais facilmente identificável por um sabor distinto e constante.

Quando é regida por um regulamento de denominação*, a monocasta atende a um imperativo climatológico e geológico. A Borgonha é o exemplo por excelência de território monocasta: uma única cepa para o vinho branco e uma única para o vinho tinto. Não é concedida nenhuma possibilidade de aporte de outra. Portanto, a cepa em questão tem de enfrentar sozinha os imprevistos climáticos e nunca poderá ser socorrida por outra para compensar suas fraquezas em certas safras difíceis. Em compensação, quando há uma grande safra os resultados quase sempre são excepcionais.

Mas não é só a Borgonha; grande parte do Loire, a Alsácia e as grandes regiões vitícolas alemãs e austríacas também usam desde sempre esse método. Nos países produtores do hemisfério Sul e na América do Norte, os vinhos de maior prestígio das grandes vinícolas muito frequentemente também provêm de uma única casta.

A demanda de uma nova clientela internacional, que requer vinhos mais acessíveis e mais facilmente identificáveis, modificou profundamente os hábitos de algumas regiões vitícolas habituadas com o sistema de multicastas*, forçando-as a produzir vinhos monocasta de estilo novo, potentes e gulosos, ou seja, fáceis e agradáveis de beber, reconhecíveis pela riqueza olfativa e pelo gosto acentuado de frutas maduras. Os rótulos* desses vinhos seguiram a mudança e sofreram um tratamento de atualização para transmitirem a mensagem mais clara possível a uma clientela sem pontos de referência. Apresentam apenas o essencial, ou seja, o nome da casta e do país ou região de produção. Para esses vinhos é a lógica de mercado que predomina.

O vinho proveniente de uma única casta – denominado vinho varietal – não é nem mais nem menos interessante do que o proveniente de diversas; simplesmente apresenta outro tipo de arquitetura.

MULTICASTAS (OU MULTICEPAS)

Método que, ao contrário da monocasta*, utiliza duas ou mais castas* para a criação de um vinho.

Se muitos vinhos de tradição europeia resultam do corte* de várias cepas, é porque em geral estão sujeitos a uma climatologia que pode se mostrar caprichosa. Essa prática se repete no hemisfério Sul e na Califórnia, para escapar da tortura de um sol onipresente. Nos dois casos, a capacidade de combater os contratempos climáticos justifica esse modo de produção.

Embora alguns grandes vinhos brancos como os sauternes, os brancos de Bordeaux e do vale do Ródano, por exemplo, sejam desde sempre provenientes do corte de duas, quatro ou mesmo cinco cepas muito diferentes, é na produção do vinho tinto que se encontram a maior diversidade e o maior domínio desse método. As regiões que o aplicam utilizam na operação de corte apenas castas aceitas no limite da denominação*, selecionadas por sua diferença e complementaridade. O vale do Ródano na França e também algumas regiões italianas e espanholas autorizam a mistura de uvas brancas e tintas para a produção de alguns grandes vinhos tintos.

As variações do momento de maturidade de cada casta são a grande preocupação na época da colheita. De fato, como elas nem sempre amadurecem ao mesmo tempo e do mesmo modo, esse método exige do vinificador muito sangue-frio para o corte final.

O corte é empregado para equilibrar o vinho, fornecendo o complemento de estrutura que falta na casta principal. Oferece muitas possibilidades e autoriza não poucos excessos. Pode levar o vinhateiro a habituar-se à securização e/ou à uniformização do estilo de seus vinhos.

NATURE & PROGRÈS

Para exibir esse logotipo, um vinho precisa primeiramente estar certificado AB* (agricultura biológica) para o método de produção da uva. Mas Nature & Progrès, associação de produtores e consumidores biológicos, vai mais longe: enquadra também a colheita (vindima manual, entre outros requisitos) e a vinificação*. As leveduras* de vinificação têm de ser naturais, ou "nativas". A chaptalização* é possível até 1%; a colagem* deve ser feita com claras de ovos "orgânicos" ou com bentonita (pó de uma argila específica). Os aportes de ácido tartárico e de SO_2 (dióxido de enxofre) devem ser 50% inferiores à tolerância europeia para os vinhos da Europa.

Ver também "Orgânico".

NEGOCIANTE

Em matéria vitícola, o negócio é uma atividade pouco conhecida do grande público, bem como de muitos compradores do ramo profissional, que o olham com desconfiança. É preciso diferenciar dois tipos: o negociante "de praça" e o negociante-produtor.

O *négoce de place* – ou seja, a "bolsa" do vinho em Bordeaux – é um sistema estritamente bordalês.

Seu papel é regular o mercado de vinhos, fidelizar uma clientela oferecendo-lhe uma disponibilidade permanente (ou quase) dos produtos a um preço correspondente às suas expectativas. O negócio bordalês é conhecido já no século XI, mas é no século XVII e principalmente no século XVIII que ganha impulso. Nessa época a quase totalidade dos vinhos era negociada a granel (barril); a elaboração* era feita diretamente nas adegas dos negociantes, inclusive para os maiores *crus*. Em seguida eram engarrafados* pelo negociante ou revendidos a granel para outro negociante, na França ou para exportação; este se encarregava de engarrafar por sua própria conta. Assim, o vinho portava a menção do *château** e também o rótulo* do negociante. Como essa atividade era bastante lucrativa, o negociante não tinha interesse em ser proprietário vitícola. Provavelmente foi durante esse período de todas as "liberdades" que o negócio todo-poderoso, abrangendo todas as operações, desde a compra até o engarrafamento e a venda, manchou um pouco sua imagem.

Já o negociante-produtor não exerce exatamente a mesma atividade. Provavelmente ele é borgonhês ou rodaniano e proprietário de terras; mas, como frequentemente seu raio de ação comercial se desenvolveu até o nível internacional, necessita de um aporte externo de uva ou de vinho acabado. Para isso ele define suas escolhas e confia a seu corretor* a tarefa de descobri-las nas propriedades vitícolas vizinhas. Esses corretores saem a campo e voltam com um certo número de amostras correspondentes aos desejos do negociante.

Como o segmento vitícola está em plena evolução, a clientela está mais exigente, e os controles de qualidade são difíceis de atender quando se compra uva ou vinho numa propriedade sem ter domínio sobre suas práticas de cultivo. Cada vez mais negociantes optam por um controle total do segmento produtor: cultivam diretamente vinhedos que alugam, para assegurar-se da qualidade das uvas. Via de regra, o negociante-produtor que compra a granel não procede ao corte* de seus próprios vinhos com aqueles que compra: faz sua elaboração em separado e diferencia-os por rótulos* facilmente reconhecíveis.

ORGÂNICO

Seria longo demais entrar nos detalhes da densa floresta de certificações "orgânicas", ou seja, para produtos que se convencionou chamar de "biológicos" ou "orgânicos"; mas hoje é necessário saber pelo menos um pouco sobre os diversos logotipos que cada vez mais encontramos nos rótulos. Aplicados no rótulo* de uma vinícola, eles garantem o respeito a um caderno de encargos preciso e a procedimentos regulamentares específicos. Mas é preciso de imediato destacar que alguns dos grandes pioneiros dessas práticas, os que participaram dos primeiros experimentos há mais de 25 anos, nem sempre o proclamam, preferindo não se misturar à multidão dos que "fazem vinhos orgânicos" há pouco e com aptidão variável.

Os principais logotipos encontrados nos rótulos franceses são: AB* (agricultura biológica), Nature & Progrès*, Demeter* e Biodivin.

A descoberta de um vinho "bio", de um vinho orgânico, não deixa ninguém indiferente. As primeiras reações, tanto positivas como negativas, são categóricas. Não estando ainda preparadas para decifrar esses vinhos, nossas papilas imediatamente enviam sensações desconcertantes e desconhecidas. Os vinhos orgânicos, quando são bem feitos, não respeitam as características próprias dos tradicionais. O aspecto*, a cor, pode ter uma tendência menos precisa e menos cristalina, mostra uma densidade menor, principalmente no caso dos tintos. Os brancos são um pouco mais intensos nos amarelos e nos tons dourados. Mas é principalmente a etapa olfativa e gustativa que abala os critérios habituais. Esses vinhos expressam naturalmente uma maturidade* muito diferente, mais saborosa e de aparência mais digesta. Não se impõem pela força, no sentido de uma riqueza edulcorada ou alcoólica, e sim por um equilíbrio desnorteante de seus sabores, ou melhor, pela densidade destes. Os perfis apresentados não são ardentes nem pastosos, ao contrário de muitos perfis atuais que se pretendem "seguros" porque lineares.

O aspecto dos tintos é desnorteante pelo despojamento em matéria corante, levando-nos a pressupor um vinho pobre e leve. Os brancos, ao contrário, mostram cores mais intensas e profundas, que num vinho tradicional seriam assimiladas a traços oxidativos. Enquanto o nariz dos brancos reflete aromas frequentemente pesados e frutados*, os tintos quase sempre trocam as tradicionais notas de frutas vermelhas por aromas de flores.

Os teores de álcool, em geral mais baixos que a média, devem-se unicamente ao trabalho das leveduras* naturais, pois as leveduras de elaboração* não são autorizadas. Mas a sensação mais desconcertante é a mineralidade*. Para um apreciador inexperiente, a sensação mineral é desconhecida; expressa-se por uma impressão correspondente ao toque de uma pedra cujo sabor fosse bastante salgado.

Pode-se ocasionalmente lamentar uma pequena fraqueza nas persistências de boca e sensações gustativas um pouco mais curtas. Por isso um vinho orgânico torna-se facilmente reconhecível numa degustação.

Há hoje na França um pouco menos de 2 mil viticultores orgânicos, o que representa cerca de 2% das propriedades. Comprar e degustar vinho orgânico ainda é um procedimento voluntário.

OXIDAÇÃO

Na França, com excessiva frequência ainda se pensa que "vinho velho" é sinônimo de "vinho bom". Infelizmente, nem sempre é assim. E o fato de cada vez mais amadores se direcionarem para vinhos cada vez mais jovens talvez indique uma rejeição aos efeitos de certos tipos de oxidação.

A oxidação é uma alteração natural devida a um contato mais ou menos prolongado com o oxigênio do ar, que ataca os componentes do vinho, principalmente os taninos* e as matérias corantes. Mas seu impacto será maior ou menor em função de muitos critérios, como o tipo de casta*, o *savoir faire* do vinificador, a qualidade do *terroir** etc.

O processo de oxidação não exerce apenas efeitos negativos e irreversíveis, pois é justamente no contato parcimonioso com o oxigênio que o vinho vai "maturar", que vai evoluir e ficar melhor, liberando seus aromas. Mas, se esse contato prolongar-se para além de suas possibilidades quanto à estrutura e ao nível de tanino, ele sofrerá o fenômeno de oxidação. A oxidação não controlada se dá ao longo de todo o processo de envelhecimento* em garrafa*. O único recurso para detê-la é abrir a garrafa no momento certo, quando o vinho está no apogeu*.

Não é fácil reconhecer a oxidação, mas alguns sinais não enganam. Se ocorreu na garrafa fechada, observe antes de tudo a cor. Os vinhos brancos mostram um amarelo intenso demais para evoluir para o dourado, seu brilho desaparece, os reflexos perdem o dinamismo e a cor levemente prateada. Já os vinhos tintos, com intensidade maior ou menor em função do tipo de vinificação ou da categoria da casta, desenvolvem uma tonalidade acastanhada ou mesmo marrom-escura. Mas é o nariz que confirma a presença da oxidação. Ela se expressa por um empobrecimento do frutado até uma certa neutralidade, e depois aparecem notas olfativas de frutas secas ou rançosas (nota de noz). É irreparável.

PASTEUR

Nasceu em 1822, no departamento de Jura. Tem uma importância considerável na história do vinho. Suas numerosas descobertas estão na origem da enologia científica. Foi o primeiro a demonstrar que as leveduras* são micro-organismos vivos e que se ativam em meio anaeróbico (sem oxigênio).

Em 1863, no momento em que as mais variadas doenças do vinho prejudicam gravemente o comércio, Napoleão III pede a Louis Pasteur que encontre uma solução. Depois de pesquisar, Pasteur propõe o "aquecimento" do vinho a 57 °C, a fim de matar os germes e assim acabar com os enormes problemas de conservação e transporte: nascia a pasteurização. Essa prática não perdurou, pois, apesar de proteger o vinho, tem uma incidência negativa sobre a percepção dos odores e dos sabores. Por isso foi abandonada já no final do século XIX.

PODA

A primeira intervenção humana do ano, no longo ciclo de cultivo da uva destinada a produzir vinho.

Abandonada a si mesma, a videira* retorna prontamente a seu estado natural, pois é uma trepadeira de crescimento ininterrupto. Nesse caso é impensável esperar colher uvas suficientemente maduras e concentradas para dar vinho: a videira alonga-se e ramifica-se rapidamente, a produção de ramos sobrepuja a frutificação e a poda torna-se indispensável.

Geralmente a poda é feita durante o repouso hibernal da planta, mais precisamente por volta do fim do inverno. O objetivo é encurtar os sarmentos que datam do ano anterior, para preparar a futura colheita em sarmentos jovens que o viticultor selecionará um a um. Cada pé de vinha (entre 1.300 e 11 mil por hectare, dependendo da região) será objeto de uma atenção particular. A poda é tão primordial para certas propriedades vitícolas que apenas o proprietário ou o chefe de cultivo se autorizam a praticá-la, pois conhecem o histórico de cada pé.

É uma época facilmente reconhecível, graças aos carrinhos de mão dispersando uma nuvenzinha de fumaça que vemos nas fileiras de videiras entre fevereiro e março (no hemisfério Norte). Os ramos cortados são queimados ali mesmo para aquecer os homens. Algumas regiões preferem a trituração.

A poda determina o volume da colheita e portanto sua qualidade. Nesse momento preciso o viticultor é árbitro de um ato irreversível: se podar muito curto, deixando poucas gemas, colherá poucas uvas, mas estas têm grandes possibilidades de ser ricas e muito concentradas; se decidir podar mais comprido privilegiará o volume sobre a qualidade. Uma poda severa, feita para dar apenas o estrito volume de uva necessário para a boa qualidade do vinho, apresenta o risco de, em caso de granizo no momento da floração ou logo antes da colheita, não haver mais colheita alguma. Já uma poda longa terá uma possibilidade de retificação, ou seja, de passar pela videira uma segunda vez para fazer o "raleio" ou "colheita em verde". Essa operação consiste em cortar certas uvas excedentes, que cairão definitivamente por terra, a fim de restabelecer o equilíbrio da produção.

Se nenhum incidente grave "enfeitar" o ciclo vegetativo do ano, um degustador profissional poderá reconhecer a seriedade de uma poda no momento da degustação do vinho. Por isso ela é a primeira grande decisão do ano para o viticultor.

PODRIDÃO NOBRE

Podridão... mas nobre?

O fungo *Botrytis cinerea* é a praga responsável pela podridão cinza das frutas e legumes (a podridão comum, em suma). Mas, em alguns poucos locais do mundo, ele pode "enobrecer-se". Dá origem então a alguns dos maiores vinhos doces do planeta, vinhos míticos* como o Château d'Yquem ou os alsacianos da categoria *Sélection de Grains Nobles*.

Atrás dessa denominação um tanto repulsiva escondem-se o trabalho e a magia de um fungo que se alimenta da água* existente na uva para concentrar os açúcares naturais contidos em cada grão. O *Botrytis* está presente já na formação do bago ainda verde; é quando o viticultor vai tentar controlá-lo. Requer um clima muito específico, dando preferência a certas condições de umidade e de insolação. Aprecia as imediações dos cursos d'água. Por exemplo, o Ciron, rio girondino nem um pouco impressionante, está na origem dos grandes sauternes, porque sua névoa matinal proporciona ao fungo a umidade de que precisa para desenvolver-se. A alta concentração de açúcar natural, que representa o álcool* potencial, será apenas parcialmente transformada em álcool, pois as leveduras* encarregadas desse trabalho não poderão assumir a transformação da totalidade dessa riqueza.

A região de Sauternes é o paraíso do *Botrytis*, mas não é a única; o Loire central (entre Angers e Tours), a Alsácia em algumas safras, a região de Jurançon hospedam esse fungo, que faz maravilhas também em todas as grandes nações vitícolas do mundo.

São raríssimos os vinhos tintos provenientes da podridão nobre; ela é um privilégio do vinho branco.

PRIMEUR

"Operação sedução" estrondosa, lançada com grande reforço de publicidade no final dos anos 1970 por alguns vinicultores da região de Beaujolais com problemas de imagem ou de dinâmica, e que em seguida conquistou muitas vinícolas de outras regiões francesas e da Itália.

É preciso distinguir dois usos do termo *primeur* (traduzível aproximativamente por "primícias"): para o vinho e para a operação de compra e venda.

O princípio de escalonamento das saídas de vinho das propriedades chegou ao fim em 1951. Até essa época, elas eram obrigadas a "desbloquear", a liberar em datas definidas um certo volume de sua produção para atender à demanda de abastecimento dos exércitos.

Em 8 de setembro de 1951 o *Diário Oficial* publicou uma portaria estipulando que os vinhos de AOC (ver "Denominação de origem") só podiam ser vendidos a partir do dia 15 de dezembro seguinte à colheita – o que já é bem pouco tempo. Algumas denominações (beaujolais, muscadet, gaillac etc.) entraram com um pedido de derrogação para poderem desbloquear seu vinho mais cedo, alegando o uso de castas que produzem vinhos que rapidamente dão prazer. Obtiveram assim permissão para adiantar em algumas semanas (para meados de novembro) sua data de início das vendas. Durante quinze anos essa data não foi fixa. Desde 1985 está estabilizada na terceira quinta-feira do mês de novembro seguinte à vindima.

Ante o sucesso planetário dessa fórmula, foi preciso proceder a ajustes que possibilitassem envios "antecipados" para destinos distantes, para que o mundo inteiro pudesse consumir no mesmo dia seu *vin primeur*, seu vinho jovem (ver "Doença da garrafa").

Já a compra e venda *en primeur* – no "mercado de futuros" – é uma prática principalmente bordalesa e data de meados dos anos 1970. Para um *château**, consiste em vender uma parte de sua colheita *antes* de o vinho amadurecer e ser engarrafado*. A compra é reservada apenas a profissionais muito experientes, pois requer que degustem diretamente nos tonéis* vinhos em sua primeira juventude, que mal acabaram de concluir a fermentação*, e avaliem seu potencial de evolução no tempo. Depois que o comprador faz suas escolhas, esses vinhos são pagáveis antecipadamente e entregues após a elaboração* e o engarrafamento (entre 18 e 24 meses). A vantagem para ambas as partes é considerável: a propriedade recebe imediatamente um reforço de caixa e o comprador obtém um bônus, ainda mais valioso quando se trata de um *premier cru classé*.

Para o grande público, a compra *en primeur*, compra de futuros, baseia-se na absoluta confiança no vendedor – confiança ainda mais cega quando a transação é feita por intermédio de *sites* da internet especializados. É preferível consultar um bom fornecedor que tenha participado pessoalmente da degustação.

Outras regiões, como a Borgonha e o vale do Ródano, começam a interessar-se por esse processo.

RAIZ (OU PORTA-ENXERTO)

A parte não visível da videira e graças à qual esta sobreviveu à invasão da filoxera* em 1863.

Antes da crise filoxérica, a videira era inteiriça: a parte aérea, visível, e a raiz formavam uma única "peça". Mas a destruição do sistema radicular pelas picadas desse pulgão vindo da América tornou necessário o enxerto das cepas francesas em raízes também provenientes do continente americano. Isso porque durante a crise da filoxera observou-se – bem tarde, infelizmente – que as videiras americanas resistiam, ao passo que as videiras francesas, e depois todas as outras, definhavam. A opção de enxertar as mudas nessas raízes tornou-se evidente. Mas foi preciso verificar previamente a compatibilidade das partes por enxertar e do porta-enxerto com a natureza de cada solo.

A crise da filoxera foi indiscutivelmente o maior desastre de toda a história do vinho; entretanto, pode-se considerar que desse mal saiu um bem, e não só para os viveiristas multiplicadores. De fato, a invasão da filoxera estancou de chofre a política de plantio anárquico e a busca desenfreada de altos rendimentos. No início da crise, as plantações eram estendidas para *terroirs* de baixa qualidade e excessivamente produtivos. Com a doença se espalhando velozmente, ficou evidente que nem todos os viticultores poderiam reestruturar em tempo seus vinhedos. Resistiram apenas as propriedades que conseguiram reorganizar-se financeiramente, assim realizando "naturalmente" e em escala mundial uma seleção das melhores castas nos melhores *terroirs*. Esse período de pesquisa e reestruturação durou cerca de cinquenta anos e envolveu centenas de variedades de porta-enxerto.

A escolha do porta-enxerto baseia-se na análise de numerosos parâmetros: compatibilidade com o solo e os cepos, nível de rendimentos naturalmente controlados, não alteração do gosto final do vinho e de sua qualidade etc. O clima e a geologia barram de imediato alguns porta-enxertos e favorecem outros. De qualquer modo, escolher mal é errar por quarenta ou mesmo cinquenta anos (a idade adulta de uma muda). Um erro que incide profundamente na qualidade do vinho e na reputação da propriedade.

Hoje são correntemente utilizados cerca de trinta porta-enxertos.

ROLHA

A cortiça, matéria natural por excelência, possui numerosas virtudes e constitui um dos materiais mais surpreendentes que existem. Conservação do vinho é sem dúvida o uso mais tradicional dessa casca de um carvalho específico, denominado carvalho-cortiça ou sobreiro.

Existente desde mais de 6 mil anos antes de nossa era, o sobreiro pode viver mais de cinco séculos e chegar a 25 metros de altura; a média é de 9 a 13 metros.

É encontrado principalmente nas regiões marítimas. Portugal é o principal explorador, à frente da Espanha e do norte da África (Argélia, Marrocos e Tunísia).

É preciso esperar nove a quinze anos para extrair a casca espessa, isolante e gretada que cerca seu tronco como uma carapaça e pode chegar a 20 cm de espessura. É de seu miolo que o rolhista vai obter as lamelas de 3 cm das quais extrai as rolhas por perfuração.

No século V a.C. já se vedavam as ânforas com cortiça, mas é a partir do século XVII, com o aparecimento das primeiras garrafas de vidro, que a indústria da cortiça ganha impulso. A partir daí se torna indispensável, pois atende a todas as exigências de vedação: a preservação de um bom vinho requer uma rolha inerte, flexível e altamente compressível. Além disso, a cortiça é suficientemente "porosa" para possibilitar a troca gasosa necessária para a boa aeração do vinho em garrafa.

Por ser uma matéria totalmente natural, a cortiça precisa passar por certos procedimentos específicos para uso alimentar. A rolha recebe um tratamento higienizante (fase de lavagem) e depois cosmético (embelezamento da aparência). Vêm em seguida a personalização (ou não, em função da demanda do cliente) e principalmente o tratamento com silicone, indispensável porque sem ele o ato de retirar a rolha de uma garrafa seria totalmente impossível: ela permaneceria comprimida e colada no interior do gargalo.

Essa matéria de notáveis qualidades tem também um grande defeito: é potencialmente um campo propício para todo o tipo de desvios ou de fungos. E estes podem transformar a abertura de uma garrafa em concurso de caretas e depois gerar uma decepção profunda.

O fenômeno não pode ser imputado à matéria-prima em si, pois frequentemente o problema é mais complexo. De fato, certos fungicidas utilizados para o tratamento da madeira (estruturas, paletas) podem degradar-se e tornar-se responsáveis por inumeráveis e variados gostos de cortiça.

Esse problema provavelmente atinge hoje cerca de 10% da produção vitícola mundial. Vai do véu quase imperceptível até o vinho totalmente contaminado (ver "Gosto de rolha"). É uma verdadeira preocupação para o comprador, mas principalmente para o vinhateiro, que terá de substituir gratuitamente as garrafas defeituosas se o cliente assim exigir. Sua incidência financeira é significativa, beirando os 600 milhões de euros.

Observe as rolhas e verá que apresentam sinais de qualidade facilmente identificáveis. A qualidade da cortiça pode ser melhor ou pior conforme a rolha seja extraída da "epiderme" da casca ou de seu interior. Em seguida, o comprimento influi no tempo de guarda (no preço de compra também). É em função do tempo de guarda estimado (ver "Vinho de guarda") que o vinicultor optará por uma rolha menos ou mais longa: a de entrada de gama garante uma boa guarda por um a dois anos; a rolha padrão permite dois a cinco anos de guarda, enquanto a de qualidade superior (a mais longa) dá uma garantia mínima de cinco anos.

Atualmente, muitos vinhateiros em todo o mundo, para eliminar o risco de gosto de cortiça devido ao uso de rolha de qualidade inferior, preferem a tampa* de rosca (ainda não tolerada por algumas clientelas, principalmente francesas, possivelmente por apego à tradição) ou uma nova geração, ainda muito escassa, de rolhas de vidro.

Existe também uma linha de rolhas de cortiça aglomerada, fonte de problemas quase sistemáticos, ligados à qualidade de fabricação e ao modo como são compactadas. Essas rolhas de entrada de gama, feitas com lascas (e mesmo com pó) de cortiça moldadas e coladas com cola alimentar, tornam-se um paraíso para todo o tipo de desvio. São recomendadas apenas para consumos instantâneos (não mais de três meses). As garrafas em adega*, se proclamarem um nível de prestígio respeitável, não poderão de modo algum estar vedadas desse modo.

Como a rolha de cortiça precisa estar em contato ininterrupto com o líquido, todos os vinhos vedados desse modo devem ser conservados na horizontal absoluta. É preferível – mesmo prejudicando a estética – conservar a garrafa com o gargalo para baixo em vez de um pouco oblíqua com o gargalo para cima. Essa precaução é totalmente inútil para garrafas com tampa de rosca. Uma exceção também, para confirmar a regra: alguns vinhos doces, naturalmente ricos em álcool (porto, por exemplo), podem ficar em pé por algum tempo, pois o efeito do álcool sobre a rolha favorece sua alteração a longo prazo. Isso só vale para vinhos doces de conservação curta (dois anos). Se não, deite-os.

RÓTULO

Pedaço de papel que com excessiva frequência vem sobrecarregado de informações inúteis e contestáveis.

O rótulo é o único recurso que temos para obter um pouco de informação sobre um produto que não conhecemos. Participa do contato inicial entre o vendedor e o consumidor. Aliás, muitas vezes só esse visual já é suficiente para provocar ou frear o ato de compra.

As inscrições que um rótulo francês exibe são muito regulamentadas. Há três tipos de menções: obrigatórias, facultativas e livres; uma parte delas pode figurar no contrarrótulo*.

Menções obrigatórias: devem estar no mesmo campo visual. São: nome do produto, graduação alcoólica, volume líquido em litro(s), centilitros ou mililitros, nome ou razão social do engarrafador (com especificação do lugar de engarrafamento*), eventuais indicativos alergênicos (como os sulfitos), mensagem sanitária para mulheres grávidas, país de origem (no caso de vinho importado).

Menções facultativas: também regulamentadas. São: a safra* (que só pode ser indicada se no mínimo 85% do volume provir dela), a casta* ou castas (que também obedece à regra dos 85%), as medalhas* e distinções, o modo de elaboração, além de algumas menções complementares, tais como *cru bourgeois*, *cru classé* etc.

Menções livres: são indicações livres, mas sujeitas a controle. Têm de corresponder a uma prática real; em hipótese alguma devem induzir em erro o consumidor.

A função do rótulo é informar; mas a maioria tenta também influenciar-nos. Aprender a decifrá-lo pode evitar uma compra impulsiva, às vezes com graves consequências. Um rótulo muito ornamentado, que desvie a atenção do comprador, pode estar mascarando a apresentação de um vinho sem grande talento. Infelizmente, não existe uma regra ou um verdadeiro segredo para esse momento. No mínimo, devemos exigir uma informação clara e direta e lembrar que cores vivas e atraentes não são sinônimos de garantia de qualidade; e menos ainda as medalhas e distinções proclamando um primeiro lugar arrebatado em luta renhida num concurso totalmente desconhecido do grande público (ver "Vinho de concurso").

SAFRA

Designa o ano de colheita. É a data de nascimento do vinho. Sua menção é facultativa, mas a maioria dos vinicultores a inscreve no rótulo* e às vezes na rolha*, pois permite hierarquizar o vinho na escala de qualidade dos anos de colheita.

O amador, evidentemente, nem sempre possui os conhecimentos necessários para ler as safras; portanto, é prudente buscar a informação com o próprio vinhateiro ou com o fornecedor.

O valor de uma safra está ligado à qualidade do vinho (equilíbrio e potencial de guarda) e por isso gera uma escalada especulativa tanto mais importante quanto mais estatura tiver a garrafa. A fama, ao propagar-se, tem uma incidência financeira que nem sempre é plenamente justificada. Todas as safras mais inesquecíveis produziram grandes vinhos, que frequentemente se negociaram caro. Mas, se uma grande safra dá mais prazer, isso não garante que atenderá ao desejo de todo apreciador. A cada ano de colheita é atribuído um caráter particular; portanto, cabe ao consumidor escolher o de sua preferência.

SECO

Um dos termos mais maltratados do vocabulário vinícola, apesar de seu sentido particularmente explícito.

"Seco" deve ser utilizado unicamente para nomear um vinho tatilmente seco – ou seja, sem açúcar residual (menos de 4 g de açúcar por litro). Para os vinhos efervescentes isso significa que contêm entre 2% e 4% de licor de expedição (uma mistura de açúcar de cana e vinho velho de champanhe), acrescentado por ser necessário "edulcorar" com leveza a estrutura naturalmente muito ácida.

O adjetivo "seco" está ligado com mais frequência a um vinho branco ou *rosé* do que a um tinto. Infelizmente, para muitos consumidores de hoje esse termo é assimilado a um vinho discreto em aroma. Entretanto, o vinho seco segue o mesmo percurso que o suave. Pode ser elaborado em cuba* neutra (inox ou cimento) e apresentar apenas aromas vindos diretamente da fruta ou da fermentação. Pode também ser elaborado em grande tonel ou em barril – é o caso de todos os grandes vinhos brancos do mundo – e então os aromas originais da fruta misturam-se aos aromas dados pela madeira. De qualquer modo, para que seja seco, as texturas de boca de seus dois estilos de elaboração apresentarão menos de 4 g de açúcar residual por litro. E em hipótese alguma um vinho será mais seco por vir de cuba inox ou de tonel; apenas suas paletas aromáticas serão diferentes e menos ou mais complexas. Um gewurztraminer muito perfumado pode ser tão seco quanto um muscadet.

O vinho branco seco possui, em função de sua origem, um potencial de evolução ou de guarda tão grande quanto muitos vinhos doces. As novas técnicas de vinificação e o grande domínio da maturidade de certas castas produzem em boca sensações adocicadas que poderiam sugerir açúcar residual num vinho seco. Se a dúvida persistir, é importante que o degustador areje e descanse a boca durante 45* segundos para confirmar uma eventual taxa de açúcar residual.

SOL

Desempenha um papel fundamental no ciclo da vinha, do mesmo modo que a água*. A videira é uma "usina de açúcar" e para isso necessita de água e de sol, mas sem excesso, pois o equilíbrio* do vinho é o objetivo final do vinhateiro. A viticultura tem a função de produzir as uvas mais aptas a dar esse resultado.

Numerosas variantes influenciam a vinha, sobre as quais o homem tem pouco controle. A insolação, em especial, será determinante em praticamente todas as épocas do ciclo vegetativo. O sol atua primeiro indiretamente, fornecendo energia para o "motor" (cobertura vegetal ou folhagem), que, pela fotossíntese, vai possibilitar a formação da uva. Depois que o cacho está formado, o sol incide sobre a área frutífera, acompanhando a evolução da uva até a vindima. A exposição dos cachos ao sol é um fator importante para obter uva de qualidade; dependendo de sua intensidade, será preciso decidir entre expor a uva ou protegê-la com a folhagem, que terá sido podada com esse objetivo específico.

É comum dizerem, erroneamente, que quanto mais baixo for o rendimento melhor será o vinho. Mas ainda é necessário que essa uva tenha um equilíbrio perfeito. Ora, este nasce do equilíbrio do ciclo vegetativo, para o qual todo excesso é prejudicial. É engano pensar que um vinhedo muito ensolarado é um grande vinhedo, pois nesse caso é difícil manter a acidez; o único meio de garantir ao vinho um certo frescor é colher as uvas antes de sua maturidade* total. Embora haja numerosas técnicas para tentar restabelecer uma certa forma de equilíbrio, nada poderá substituir a maturidade total e completa, denominada maturidade fenólica. Não estamos falando de supermaturação e sim de maturação exata. Apenas uma insolação que atue de modo equitativo e equilibrado está apta a desempenhar esse papel.

O ciclo vegetativo das grandes safras* alternará períodos de calor e outros de temperatura decrescente, que serão etapas durante as quais a videira recupera o fôlego. Espera-se que o tempo ensolarado – garantia de um estado sanitário perfeito e de plena maturidade – não falte no finalzinho do ciclo e antes da colheita.

SOMMELIER

Um termo cujo sentido evoluiu muito com o passar do tempo.

No início, o *sommelier* era o funcionário da Corte encarregado do abastecimento, ou ainda um simples condutor de animais de carga. Hoje, embora suas atribuições estejam muito mais circunscritas, ele não terá as mesmas responsabilidades se trabalhar dentro de um restaurante de renome internacional (e além disso numa grande metrópole) ou se for *sommelier* polivalente de uma pousada familiar.

Alguns restaurantes começaram a empregá-lo depois da Revolução Francesa. Na época, suas responsabilidades eram importantes, pois os vinhos provenientes das vinícolas eram entregues diretamente em tonel* e tinham de ser engarrafados na adega do restaurante pelo próprio *sommelier*.

Foi no final do século XX que a profissão se tornou muito midiatizada e valorizada, graças à criação dos numerosos concursos, de validade muito variável de um país para outro. A densidade de *sommeliers* por metro quadrado em países frequentemente desprovidos de produção vitícola nacional turvou parcialmente a imagem de uma profissão contudo apaixonante.

Um *sommelier* nunca deixa de o ser: seu ofício persegue-o até nos feriados e nas férias. Deve ser dotado de uma curiosidade insaciável e de uma verdadeira sensibilidade para a natureza. Uma memória trabalhada diariamente é indispensável para sua prática. O *sommelier* só poderá ter autoridade se aprofundar e enriquecer continuamente seus conhecimentos de economia, geologia, ampelologia (estudo da videira), cultura gastronômica.

Embora o centro de sua atividade seja a indicação de um vinho em função dos desejos do cliente, seus campos de ação não se restringem ao salão de restaurante. Ele se desloca pelos vinhedos para impregnar-se dos diferentes *terroirs** e degustar os vinhos*. Se quiser reservar ou comprar, envolve com isso a responsabilidade financeira do empregador. As escolhas que derivam de um *sommelier* excessivamente "apaixonado" podem ter graves consequências para um estabelecimento, principalmente se não corresponderem à sua linha culinária.

Numerosos postos de *sommelier* foram criados a fim de exibir nos guias gastronômicos uma brigada completa. Para isso, frequentemente não se hesitou em "promover" na própria equipe do restaurante um *maître* ou um garçom que tivesse uma "atração" um pouco mais firme pelo vinho. Os resultados não corresponderam às expectativas, nem em termos profissionais nem em retorno de investimento.

Cerca de quinze anos de exercício intensivo é o tempo desejável para promover um bom *sommelier* a *chef sommelier*, aquele com autoridade natural. O *sommelier* não deve de modo algum ser confundido com o enólogo*.

TAÇAS

Objeto usual, frequentemente decorativo, a taça é o copo mais adequado e o fator final para a revelação de um vinho. Se for mal escolhida, se for grande demais ou muito estreita, seu efeito primeiramente sobre a percepção e em seguida sobre a estrutura do vinho pode ser negativo. Inversamente, você decuplicará suas percepções – e seu prazer – simplesmente usando a taça adequada ao estilo de vinho que deseja servir.

O apreciador habituado a degustar seus vinhos antes de comprá-los deve pensar em fazê-lo na mesma taça em que o servirá à mesa. Caso contrário, arrisca-se a não reencontrar, na abertura da garrafa em casa, as sensações percebidas na degustação de compra.

O profissional geralmente utiliza taças especiais, de forma menos ou mais complexa. São desconfortáveis para o uso à mesa, mas temíveis por evidenciar tanto as qualidades como os defeitos do vinho. Quando um enólogo, um proprietário ou um comprador profissional quer verificar o potencial máximo de um vinho, utiliza taças que lhe permitem "triturar" o vinho, colocando a nu sua estrutura. A taça do consumidor é menos técnica e geralmente mais estética. É preciso atentar para que essa preocupação estética não constitua um obstáculo para a degustação. As marcas de cristal prestigiosas propõem taças de rara beleza, mas que nem sempre são adequadas para a valorização dos vinhos de hoje nem para os novos desejos dos consumidores: como sentir longamente o vinho antes de saboreá-lo, se a taça for excessivamente espessa e pesada, e sobretudo sem curvatura suficiente para reunir os aromas? Já outras marcas têm uma linha tão vasta que por elas seria preciso utilizar uma taça específica para cada tipo de vinho.

Sem derramar-se nesses extremos, o apreciador experiente deve possuir pelo menos uma bela taça de forma oblonga, tipo azeitona, com 200 a 250 mililitros de capacidade, delgada ou muito delgada (a chamada *taça universal*). Vai utilizá-la tanto para o vinho branco como para o tinto, tanto para os vinhos jovens como para os velhos, sem esquecer os efervescentes. Pode limitar-se unicamente a ela.

Entretanto, certos néctares às vezes pedem uma capacidade maior para mostrarem todo seu valor. Dois tipos de taças suplementares – com capacidade entre 400 ml e 700 ml – bastam para atendê-los: uma suficientemente larga mas também curva na parte superior, para os grandes vinhos brancos e os tintos pouco tânicos (borgonha, châteauneuf-du--pape), e a outra com o mesmo volume mas de forma alongada (tipo azeitona), para os grandes tintos potentes e tânicos.

As taças podem ser de cristal, pelo brilho extremo e pela sedosidade do toque, ou simplesmente de vidro de boa qualidade; mas devem sempre ser de espessura muito fina, para mais leveza e para um contato com os lábios muito mais agradável. Deve-se ter a precaução de lavá-las apenas com água doce, evitando ao máximo os produtos detergentes.

TAMPA DE ROSCA

Embora ainda cause antipatia na França, a tampa de rosca vai marcando pontos. É hoje a grande alternativa para o arrolhamento com cortiça natural.

Nos anos 1970 o cantão suíço de Valais já a utilizava para contornar a extrema sensibilidade da casta chasselas ao simples contato com a cortiça; em seguida, desenvolve-se no hemisfério Sul, principalmente na Nova Zelândia e Austrália. Atualmente, cerca de 90% dos vinhos neozelandeses e 50% dos australianos são fechados com tampa de rosca. A França ainda continua muito reticente quanto a essa forma de vedação – que, convém lembrar, em geral é usada só para vinhos a serem bebidos jovens ou os de média guarda. Estima-se que hoje ela representa 20% das soluções de vedação no mundo.

A tampa de rosca apresenta vantagens reais, às quais produtores e consumidores estão cada vez mais sensíveis. Elimina os problemas ligados a defeitos da rolha*. Varejistas e adegueiros apreciam o armazenamento vertical que ela permite e que torna as garrafas mais identificáveis. É muito prática para os amadores e principalmente para os profissionais, pois dispensa o saca-rolhas. Mais do que essa facilidade de abertura, podemos apostar que o refechamento instantâneo e sem esforço é que fará dela um sucesso planetário.

Evidentemente, boa parte da clientela internacional dos *grands crus* ainda não está preparada para essa inovação. Além disso, mesmo que a tampa de rosca esteja prevista apenas para os vinhos a ser consumidos rapidamente (não mais que cinco anos), às vezes é responsabilizada pelas reações de redução (causadas pelo déficit de oxigênio do vinho em garrafa), que é o inverso da oxidação. Seus grandes detratores acrescentam, e com razão, que, se a cápsula (ou outro fechamento sintético) substituir a cortiça, toda uma profissão qualificada está destinada a desaparecer e sobreirais estimados em 2.300.000 hectares ficarão ao abandono.

TANINOS

Substâncias de origem orgânica conhecidas desde a alta Antiguidade, quando eram extraídos das cascas de carvalho para tanar (curtir) couro. Existem em praticamente todas as partes de todos os vegetais, como a casca, as raízes, as folhas (os do chá têm propriedades muito semelhantes aos do vinho). Na uva, é nas sementes e na casca que seu teor é mais alto.

Há no vinho dois tipos de taninos ou polifenóis: os adicionados, como os da madeira, e os naturais, provenientes da uva. Um degustador tentará diferenciar os naturais, transmitidos pela uva, dos extraídos de um tonel* de carvalho durante a vinificação. A soma dos dois aportes tânicos, um natural e outro adicionado, nem sempre é equilibrada, e nesse caso pode dar a um vinho de estrutura pequena uma sensação muito desconfortável, ressecante e amarga.

Hojé é possível melhorar a estrutura tânica do vinho sem utilizar tonel, incorporando *chips** de carvalho diretamente na cuba*. É fácil compreender que a sensação tânica resultante será muito menos bem assimilada pelo vinho do que a transmitida por uma lenta passagem de vários meses em barris novos ou usados. Os belos taninos são parte integrante da composição de um vinho e cumprem duas funções muito importantes: reforçam ou mantêm sua estrutura e protegem-no contra a oxidação* – proteção muito valorizada para os vinhos de grande guarda.

Diz-se que um vinho é excessivamente tânico quando causa uma sensação de ressecamento e de rugosidade na língua e nas papilas. É uma sensação semelhante à de beber um chá deixado em infusão por tempo demais.

No decorrer do envelhecimento* a sensação tânica atenua-se, mas os taninos duros (muito adstringentes), verdes, ressecantes ou mal integrados nunca se fundirão na estrutura do vinho, seja qual for o tempo de conservação.

TERROIRS

Sem um *terroir* vitícola de qualidade é inútil querer produzir um vinho equilibrado. A mão do homem e seus conhecimentos poderão apenas combater em parte certas deficiências.

O *terroir* é um espaço geográfico concreto e preciso, caracterizado por uma geologia única, uma exposição definida, uma climatologia e uma hidrologia adequadas.

Uma terra rica demais e um clima excessivamente ensolarado são a antítese do grande *terroir*. A videira gosta muito particularmente dos solos pedregosos, que se drenam naturalmente e se aquecem depressa (fenômeno muito importante para as regiões mais setentrionais). Os terrenos compostos de sílica (que dão vinhos leves), de argila (vinhos coloridos, ou seja, tintos de cor bem intensa e ricos em álcool, corpulentos), de calcário (vinhos alcoólicos mas com buquê sempre muito fino) ou ainda de óxido de ferro (vinhos coloridos e com buquê) são os mais comuns no mundo. Mas encontram-se também *terroirs* muito precisos, que transferem para o vinho uma mineralidade* sem igual e uma incomparável complexidade: são os *terroirs* calcários, denominados *tuffeau* e principalmente os de origem vulcânica.

O valor de um *terroir* só se revela com o trabalho do homem, que todo ano tenta extrair-lhe e sublimar-lhe todas as riquezas. Antes de tudo ele deve considerar minuciosamente a influência de cada elemento – natureza do solo, da exposição, do clima etc. – para escolher uma casta compatível com esse meio. O homem e a casta se adaptarão ao *terroir*. A cada nova colheita, o homem tira dessa experiência lições que o ajudarão a tornar segura a seguinte. A planta é como que tensionada entre as vontades do homem e a particularidade do contexto no qual se desenvolve (ver, por exemplo, "Poda"). O principal desafio para o vinhateiro é explorar os recursos do *terroir* com a esperança de sublimá-los sem modificar-lhes o perfil. O vinho produzido é a única prova de seu êxito.

TONEL

Também chamado de barril, barrica, pipa; na Borgonha e em Champagne, "peça". Seu conteúdo pode variar bastante de uma região para outra: 205 litros para a *pièce* champanhesa, 225 litros para a barrica bordalesa, 228 litros para a *pièce* borgonhesa. Esse utensílio de armazenamento é também um meio de transporte assim que o vinho, parcial ou totalmente estabilizado, puder ser movido.

Hoje a função principal do tonel é ser enchido com um líquido, de preferência alcoólico (vinho ou aguardente). Mas nem sempre teve esse único destino. Objeto de invenção gaulesa, servia para estocar todos os tipos de líquidos, como água, cerveja ou sidra; mas também era usado para mercadorias sólidas, como cereais ou alimentos em conserva.

O principal material para sua fabricação é a madeira de carvalho*. Alguns países, para uma produção bem específica, podem utilizar outras madeiras, como a acácia, muito procurada para certos vinhos provenientes de cultivo biológico, ou a cerejeira, principalmente na Itália. Os mais belos carvalhos encontram-se nos Vosges e no Limousin. Os carvalhos robles ou sésseis (*Quercus robur*) de grande porte, com trama muito cerrada (os que cresceram mais lentamente), são os mais procurados.

Enquanto as técnicas de confecção dos tonéis se aperfeiçoaram ao longo do tempo, o tonel propriamente dito evoluiu bem pouco. O bom toneleiro* deve ser antes de tudo um bom selecionador. Ele procura de preferência carvalhos muito velhos, que tenham entre 150 e 200 anos de idade. Está em relação direta com o Serviço Nacional de Florestas (ONF, sigla do nome em francês), organismo estatal cujas origens indiretas remontam à época de Filipe o Belo, que em 1292 instituiu os inspetores das águas e das florestas. O ONF administra 50% do carvalho francês comercializado; o restante será selecionado em florestas privadas.

Quatro critérios têm um papel determinante na influência do tonel sobre o vinho e no sabor final. Convém lembrar que o trabalho da madeira de carvalho não é modificar o gosto do vinho e sim acompanhá-lo, se necessário, em função de sua capacidade natural de suportá-la. Ela só enobrece o vinho rico e complexo por natureza.

Esses quatro critérios são: a qualidade da madeira, o tempo de secagem das aduelas (no mínimo trinta meses para um resultado excelente), o tempo de queima em fogo de lenha de carvalho durante e após a etapa de arqueamento e, é claro, o tempo durante o qual o vinho permaneceu em contato com a madeira.

As barricas de 225 ou 228 litros são recipientes de elaboração*, mas podem ser secundadas por recipientes mais vastos (*tonne* para mil litros, *foudre* para 10 mil a 12 mil litros). Um tonel é facilmente transportável, mas é preciso uma certa prática para fazê-lo rolar. Os aros de ferro podem ser recobertos com cintas de madeira mole para possibilitar a rolagem. A espessura das aduelas (lâminas de madeira que compõem o tonel) varia de acordo com as necessidades de transporte. Um tonel vazio pesa aproximadamente 50 quilos.

A verba para a compra dos barris é um dos investimentos mais pesados de uma propriedade vitícola. As maiores propriedades do mundo renovam anualmente seu parque de tonéis, algumas totalmente, outras em um terço. Com o valor de uma bela barrica beirando os 600 euros (fora taxas) por peça, é fácil imaginar a fatura para uma propriedade que deve utilizar 200, 300 ou 500 barricas novas em cada estação.

O bom toneleiro nunca esquece que o melhor barril é aquele que revela o vinho, que o valoriza, que o faz passar do estado primário para a complexidade nas melhores condições possíveis. A tendência de amadeirar vinhos de baixa categoria para arremedar os *grands crus* tem resultado em aberrações.

TONELEIRO (OU TANOEIRO)

Profissão que remonta à época gaulesa. Denominou-se primeiro "carpinteiro de tonel"; o termo "toneleiro" ou "tanoeiro" surgiu no século XVIII.

Tende-se a supor que a origem da madeira (de carvalho*, em geral) influi sozinha no sabor de um vinho que teve "elaboração em barril" (ou "em barrica"). É ignorar a importância da "mão" do toneleiro, de seu *savoir-faire* e de sua destreza. Escolha cinco toneleiros de regiões diferentes e peça-lhes que trabalhem o mesmo tipo de madeira (mesmo carvalho da mesma região): fique certo de que terá cinco resultados muito diferentes após a elaboração*.

Não se deve subestimar o papel do toneleiro no sabor global de um vinho. Seu aporte na elaboração do vinho é tal que deu lugar a algumas derivas. No final do século XIX e em toda a primeira metade do século XX ele involuntariamente chegou a substituir o vinicultor, visto que certos vinhateiros menos "apaixonados" – e foram numerosos naquela época – utilizaram o tonel* como remédio para todos os males.

Máquina alguma jamais conseguiu substituir o homem na tarefa de fabricar um tonel. Realizar essa junção de lâminas (aduelas) de madeira arqueadas a fogo vivo, presas simplesmente por aros de ferro, sem que nenhum vazamento seja concebível, é uma arte.

A tonelaria não conhece crise. Mais de 500 mil barris são fabricados anualmente para atender a uma demanda internacional. Os melhores toneleiros são tão procurados pelos grandes viticultores quanto os melhores vinhateiros pelo apreciador. O toneleiro não se restringe a confeccionar tonéis novos; também faz a manutenção dos usados ou restaura-os para revenda de segunda mão. Além disso, é responsável pela desmontagem, manutenção e remontagem das grandes cubas* de madeira.

Muitas propriedades se abastecem de tonéis já utilizados e inteiramente revisados por um toneleiro, seja porque a madeira nova não é necessária para sua produção, seja porque sua situação financeira não lhes permite tal investimento. Desse modo elas conseguem, com menos despesa, garantir uma boa elaboração.

Nem todos sabem que o toneleiro sério é frequentemente um bom degustador. Ele precisa visitar os clientes e degustar* os vinhos que produzem, a fim de avaliar a influência de seus barris e de seu *savoir faire* sobre uma casta específica, ou ainda para identificar o estilo de vinificação do cliente. Em seguida fará os ajustes de fabricação necessários, tais como o tempo de queima, para adaptá-los à casta e ao tipo de vinho produzido.

VERDE

Sem dúvida o termo que ferirá mais profundamente o vinicultor que o ouvir. Antes de tudo, é preciso lembrar que o *vinho verde* não só existe – em branco e em tinto – como é uma joia da produção vitícola portuguesa; é feito no noroeste do país, a partir de castas locais bem específicas.

O amador, que nem sempre dispõe do vocabulário necessário para expressar com precisão suas sensações, tende a tomar um tanto depressa certos atalhos de linguagem. O termo "verde" faz parte dessas palavras "batidas" que sempre são usadas precipitadamente.

Se ainda existirem vinhateiros que ousem assumir o risco de colher uvas antes da maturidade* e pensem em transformá-las em vinho, então talvez o termo "verde" continue adequado; mas, globalmente, os avanços dos recursos técnicos e a tendência mundial para vinhos açucarados demais deixam hoje pouco espaço para esse tipo de acidente. Não podem ser chamados de "verdes" os vinhos de regiões mais frias, que produzem naturalmente taxas mais altas de acidez fina mesmo estando bem maduros; nem os vinhos provenientes de certas castas precisas (brancas ou tintas) que dão sempre e naturalmente comportamentos "dinâmicos" ao vinho finalizado, tais como a tannat para os vinhos de Madiran ou a aligoté para os da Borgonha.

Muito frequentemente os champanhes também são submetidos a esse julgamento, apesar de receberem, na fase final de elaboração*, a adição de um licor de expedição (denominado "licor de dosagem", à base de vinho de champanhe mais velho no qual é incorporado açúcar de cana muito puro), a fim de suavizar-lhes o aspecto geral (ver "Vinho efervescente"). Isso certamente acontece porque eles são degustados jovens demais – o champanhe é um grande vinho de guarda – ou então porque não sofreram fermentação* malolática (transformação do ácido málico em ácido lático mais suave, por intermédio de bactérias especializadas). Esses champanhes requerem tempo antes da abertura.

VIDEIRA

A videira ou vinha é uma trepadeira. Pertence ao gênero *Vitis* (arbustos). Devem existir cerca de quarenta *Vitis*, mas a videira que conhecemos e que é cultivada na maioria dos vinhedos do mundo é da família *vinifera*. Essa espécie abrange as uvas mais adequadas para a transformação em vinho. *Vinifera* está na origem de dezenas de cultivares ou castas*; ocupa aproximadamente 7,5 milhões de hectares do planeta. Apenas as uvas de suco claro (transparente) são escolhidas para fazer vinho comercializável.

Para produzir uva de grande qualidade, essa trepadeira deve ser cultivada de acordo com um método e um manejo adequados.

O *sistema global de manejo* é definido pela combinação de um conjunto de parâmetros: latitude, clima, tipo de solo, tipo de casta, orientação, rendimento esperado etc.

O *método de cultivo* baseia-se, é claro, no conhecimento da planta, mas também no cuidado de seu solo e mesmo do subsolo (que é esquecido com excessiva frequência). Um cultivo racional tem uma influência real sobre a saúde da planta, mas também visa a moderar seu vigor, pois para dar belas uvas ela precisa ser um pouco cerceada.

O agrônomo ou o proprietário em pessoa zelam para conservar ou melhorar as propriedades físicas do solo (enterramento do adubo, adaptação ao regime hídrico, aeração; ver "Geobiologia"). Seu trabalho consiste principalmente em manter as raízes numa boa profundidade, combater as ervas daninhas, relvar um solo excessivamente fértil a fim de competir com a vinha, proteger os pés das manifestações do inverno etc. A opção por um solo trabalhado e aerado, que não recebe herbicida, é a verdadeira etapa inicial da "assinatura" de um vinhateiro em seu vinho. A vinificação*, que transforma essa uva em vinho, simplesmente expressa uma mensagem elaborada na vinha.

Um método de cultivo não basta: é preciso acrescentar-lhe o *manejo do vinhedo*. Ele define a densidade de plantas por hectare, a altura correta da videira, o tipo de condução e de poda* mais adequado.

Nos vinhedos do mundo, as densidades de plantio variam de 1.200 pés por hectare em *terroirs** pobres e áridos até 12 mil a 15 mil pés em certos vinhedos que exigem grande concorrência entre cada pé. A altura da poda também será estudada em função do clima* ou do *terroir*: as videiras são mantidas altas em certas regiões frescas ou frias no outono, a fim de levar as uvas a boa maturidade e ao mesmo tempo afastá-las do solo frio.

A poda, por sua vez, vai definir o volume da colheita. Há numerosos tipos, mas só quatro são de uso corrente: as podas em taça, em cordão de Royat, no sistema Guyot e em lira.

VINHO

Fruto da videira e do trabalho dos homens. É preparado apenas a partir de uvas; os nomes "vinho de pêssego" ou "vinho de pera", por exemplo, não são apropriados. Conhecido já na mais alta Antiguidade, mas não em sua forma atual, é uma bebida alcoólica obtida pela fermentação* de uvas brancas ou tintas. Pode ser seco*, doce*, licoroso ou efervescente*.

Por apresentar uma relativa estabilidade, pode ser conservado por algum tempo; mas, principalmente, é transportável e, portanto, objeto de um comércio em grande escala. Sabe-se que já se fazia vinho no Egito antigo, mas que foi introduzido na região mediterrânea pelos gregos; com eles chegaram os primeiros vinhos da França, bem como o cultivo da videira. Mas são os romanos que, mais tarde, vão desenvolver essa cultura em todo o território. Naquela época, o vinho pouco se parecia com o que bebemos hoje. Antes de mais nada, protegiam-no com toda espécie de ingredientes: terra, resina, mel, condimentos ou folhas. Por não ser – ou ser só parcialmente – fermentado, não era raro antes do embarque incorporarem água do mar a um carregamento de vinho para garantir a conservação, e depois, na chegada, acrescentarem água doce para eliminar o gosto de sal.

Em todos os tempos os homens apreciaram essa bebida, certamente primeiro em razão de seu efeito euforizante, causado pela presença de álcool; mas, sem dúvida, também porque encontraram no vinho, mais do que em qualquer outro produto consumível, uma diversidade de qualidade e um sabor inigualável.

VINHO BRANCO

Tradicionalmente elaborado com uvas brancas; mas também pode provir de tintas, pois as uvas para vinho têm obrigatoriamente um suco translúcido.

A uva deve estar sadia e sem nenhum traço de fungo; é colhida preferencialmente à mão, a fim de evitar lesões que infalivelmente provocariam um início de oxidação*. As uvas inteiras são imediatamente levadas para a prensagem; o suco obtido é posto para fermentar em tanques* de cimento ou de aço inoxidável com dimensões precisamente adequadas a cada parcela, ou então diretamente em tonel*. Leveduras* naturais (nativas) ou selecionadas são responsáveis por todo o processo de fermentação*. Hoje alguns vinicultores de regiões circunscritas deixam sua uva macerar algum tempo – entre quatro e doze horas no máximo – diretamente numa prensa inerte (pneumática), cuidando de manter uma temperatura baixa (16°C), ou sob gás neutro, para uma curta maceração pré-fermentação que dará viço olfativo a certas castas* e um vinho um pouco menos ácido. Para essa operação é preciso desengaçar previamente as uvas, ou seja, retirar a parte vegetal chamada engaço (correspondente ao cacho sem as uvas), que daria um sabor muito amargo.

Terminada a fermentação alcoólica* – são precisos em média 17 g de açúcar para dar 1° de álcool – é hora de o vinho ser transferido para os tonéis, se preciso, ou simplesmente permanecer no tanque, para iniciar o longo processo de elaboração*. O vinho fará ali sua fermentação* malolática, se o vinicultor julgar necessário. Doze a dezoito meses decorrem antes do engarrafamento*, precedido ou não de uma filtragem.

VINHO DE CONCURSO

Expressão oficiosa que designa uma parte considerável das garrafas da produção mundial: aquela que exibe orgulhosamente uma medalha perto do rótulo* principal, para anunciar um resultado vitorioso numa competição de degustação.

Não aposte nessa medalha para tentar compreender melhor uma legislação já bem complexa, e menos ainda para garantir o sabor que você procura. Ela não certifica nada mais do que a participação em uma competição, num momento preciso e em condições nem sempre adequadas. A vontade de apresentar seu vinho a um júri mais ou menos rigoroso é um risco considerável para a coerência de uma vinícola e até mesmo de uma denominação*. O vencedor venceu, sem dúvida, mas de quem? Os adversários eram todos do mesmo nível? Concorriam todos na mesma categoria?

É preciso distinguir duas categorias de vinho de concurso.

Há primeiramente o competidor nato, vinho de concurso por natureza. Produzido num *terroir* específico e sob um clima particularmente temperado, esse vinho é sistematicamente levado à maturidade* excessiva e elaborado em barrica* de carvalho novo mais ou menos queimado. Ele exibe sem pudor sua riqueza em álcool* e seu caráter de madeira* tenaz. Se às vezes não se apresenta mais nas competições, é porque uma derrota seria insuportável. Quase sempre é tinto. Para compreender sua mensagem basta observar a embalagem: rótulo artístico (muitas vezes talentoso, aliás), garrafa muito (excessivamente) pesada e rolha* longa. Não conte com ele para auxiliá-lo à mesa; a harmonização com um prato não lhe interessa, pois é incapaz de harmonizar-se. Vive só para si. Os vinhos que entram nessa categoria obtêm por nocaute o estatuto de medalhados. Mesmo que não sejam destituídos de qualidade, seu preço e sua potência os tornam acessíveis a poucos.

O segundo competidor é o oposto do anterior. Menos "abonado" financeiramente, é naturalmente discreto. O acondicionamento é tão modesto que chega a ser invisível: rótulo histórico e frequentemente envelhecido, garrafa menos pesada, rolha mais curta. Sua estrutura natural não lhe permite pôr-se acima de uma briga. Sabe ser agradável e mais ou menos concentrado em função da safra. Pode ter conhecido o tonel de carvalho, com um sucesso às vezes discutível. Sua grande qualidade é a vontade. É um corredor de fundo, raramente extravagante. Para ser reconhecido, submete-se à competição de degustação com a esperança de agarrar mais uma vez essa medalha, sinal de uma vitória em luta renhida.

Quer pertençam a uma ou à outra categoria, esses dois competidores não se preocupam muito com o futuro: são cortejados por uma imensa maioria de amadores que apostam nos vinhos de concurso como valor seguro.

VINHO DE GUARDA

Sem grande *terroir** não há grande vinho de guarda.

Não existe uma regra definida para identificar um vinho de guarda, mas é preciso saber ler uma partitura premonitória; alguns sinais precursores permitem que o apreciador o reconheça. Uma boa interpretação desses sinais evitará que você consuma seu vinho no período errado – jovem demais ou velho demais.

Acima de tudo, ele deve mostrar um equilíbrio* perfeito entre seus diversos componentes. O álcool*, o açúcar residual (se houver), a acidez* e o amargor* devem estar presentes sem que nenhum sobrepuje o outro a cada momento. Apesar das exceções de safra* graças às quais alguns deles se tornaram acessíveis à degustação ao longo de toda sua existência, pode-se considerar que o grande vinho de guarda se mostra reservado no início e só se abre lentamente e por etapas, sem nunca se bloquear. Às vezes é um pouco austero, mas é direto e desembaraçado, complexo e muito longo em boca. A persistência de boca e a tenacidade serão os critérios definitivos para avaliar seu potencial, pois sua resistência à oxidação* pode ser surpreendente.

Possuir um vinho de guarda requer atenção, pois sempre pode ocorrer um incidente de evolução. Por isso é aconselhável "testá-lo" degustando-o uma vez cada 18 meses nos dez primeiros anos e depois uma vez por ano, tomando todo cuidado para não perder seu apogeu*.

Embora seja preferível consumi-lo cedo demais em vez de tarde demais (ver "Envelhecimento"), o grande vinho de guarda é balanceado para dar todo seu potencial ao longo do apogeu. Como todos os seus componentes têm a mesma capacidade de resistir ao tempo, uma degustação precoce seria um verdadeiro desperdício.

VINHO DOCE (OU SUAVE)/ VINHO LICOROSO

Um vinho naturalmente doce apresenta um teor de açúcar residual da ordem de 30 g a 50 g por litro. (A legislação brasileira classifica como "doces ou suaves" os vinhos com mais de 20,1 g de açúcar residual por litro.) Já o vinho licoroso pode alcançar picos de 300 g. Provenientes quase sempre de uvas brancas, vinhos doces e licorosos são produzidos no mundo inteiro, mas os métodos utilizados podem diferir sensivelmente.

Via de regra, um vinho desse tipo provém de uvas colhidas muito mais tardiamente do que para produzir um vinho seco*; a colheita geralmente se dá em outubro e novembro, embora não sejam raras as vindimas em dezembro em certas regiões. Há três maneiras principais de levar a uva ao estado de concentração máxima: seu ataque pela podridão* nobre, a passificação e a crioextração.

Na passificação, a uva se resseca naturalmente na videira ou é depositada sobre palha (vinho de palha), ou sobre esteiras, num galpão arejado. Na podridão nobre, ela é atacada pelo *Botrytis cinerea*, pequeno fungo de climas úmidos que se alimenta da água da uva perfurando-lhe a casca; é utilizada principalmente em Sauternes e no vinhedo húngaro de Tokaji. A crioextração, praticada no Canadá, na Alemanha e na Áustria, consiste em vindimar à noite para colher uvas congeladas naturalmente a −7 °C.

Qualquer que seja o método, o objetivo é sempre o mesmo: obter uma superconcentração dos açúcares. Essa saturação de açúcar dificulta muito o trabalho das leveduras*. Sabendo que uma levedura necessita de 17 g de açúcar para produzir 1° de álcool real, mas encontra enormes dificuldades em produzir acima de 15° ou 16° de álcool (cerca de 270 g de açúcar natural), compreende-se por que uma uva que apresenta naturalmente 320 g ou 350 g (e algumas mais ainda) não pode dar um vinho totalmente seco.

O roteiro da vinificação desses vinhos é praticamente idêntico ao de um vinho seco, exceto que o ciclo de fermentação* é muito mais longo, pois em final de ciclo as leveduras são muito menos produtivas.

VINHO EFERVESCENTE

Expressão que, apesar da clara falta de sensualidade, infelizmente é a única a reunir todas as categorias de vinhos "com bolhinhas". Vinho efervescente é aquele que, ao contrário do tranquilo, contém uma concentração de dióxido de carbono, obtido durante a segunda fermentação* em garrafa. Esse gás lhe proporciona bolhas e espuma na abertura da garrafa. Existem vários níveis de efervescência, mas as duas categorias principais de vinhos são os *espumantes* e os *frisantes* (levemente espumantes).

Há três métodos para torná-los efervescentes.

Vamos começar pelo método mais nobre, denominado "método champanhês" ou "método tradicional". Dele resultam todos os champanhes e *crémants* (espumantes produzidos pelo método tradicional fora da região de Champagne). Consiste em engarrafar um vinho* branco tradicional proveniente da denominação*, adicionando em cada garrafa um licor de tiragem (pequena dose de açúcar e de leveduras) e depois vedando a garrafa com uma cápsula hermética. Deixa-se essa garrafa deitada horizontalmente "sobre ripas", por um tempo que varia de uma denominação para outra (15 meses no mínimo), a fim de dar às leveduras que nela foram fechadas tempo para transformar o açúcar em álcool. Ao agirem, as leveduras liberam calor e o precioso CO_2, que dessa vez permanece aprisionado. Quando o açúcar adicionado se transforma totalmente, as leveduras morrem e formam um depósito* no fundo da garrafa. Esse depósito é descolado e posicionado na extremidade da garrafa por rotação manual ou mecânica – a remuagem, uma operação que consiste em colocar as garrafas a 45° e todo dia girá-las lentamente. Em seguida ele é evacuado na operação conhecida como degola: as garrafas passam rapidamente, de ponta-cabeça, num tanque contendo uma solução refrigerante a −25 °C, na qual apenas 2 cm da extremidade afundam e que retém a cápsula vedante e o depósito congelado. A expulsão do sedimento deixou na garrafa um espaço vazio que precisa ser preenchido. Aproveita-se então essa última etapa para "dosar" o lote incorporando um vinho de enchimento (vinho de atesto), cuidadosamente esterilizado para evitar a adição de novas leveduras ou outras bactérias. Ele é acompanhado, ou não, de um licor de expedição (ou licor de dosagem): um vinho com no mínimo dois anos de idade, mais ou menos edulcorado. O teor de açúcar do licor de dosagem vai definir a qualidade do vinho efervescente (*brut*, *extra-brut* etc.).

Outros vinhos efervescentes de denominação de origem controlada são vinificados pelo método dito "ancestral" ou "artesanal". É o método original de elaboração, certamente involuntário no início; consiste simplesmente em reproduzir o que acontece numa adega, mas numa escala menor: no interior de cada garrafa. O vinho é engarrafado precocemente, extraído de sua cuba antes do término da fermentação. Portanto, ainda resta açúcar por transformar, sem adição de licor de tiragem nem de licor de expedição. Por isso haverá pouco depósito na garrafa, pois se terá procurado deixar o máximo dele na cuba no momento do engarrafamento; assim, a degola é desnecessária. O vinho está pronto para ser consumido. As regiões de Limoux utilizam esse método para seu espumante ancestral, conhecido como *blanquette*; o vinhedo de Cerdon, no departamento de Ain (sudeste da França), também o usa para seu cerdon ancestral de cor rosa. Os vinhos resultantes desse método são menos ricos em álcool (8° em média) e apresentam naturalmente muito menos gás.

Há, por fim, o método "autoclave" ou método Charmat. É o menos nobre e utilizado apenas para os espumantes de entrada de linha (nenhum *crémant* ou champanhe tem a ver com ele). Consiste em incorporar gás carbônico em um grande tanque cheio de vinho para torná-lo frisante, ou em proceder à tomada de espuma diretamente no tanque, que então é similar a uma garrafa de 700 hl.

VINHO *ROSÉ*

Depois de difamados durante muito tempo, pois seus detratores não os consideravam vinhos de verdade, os *rosés* (ou rosados) hoje se veem como os mais pedidos nos bares da moda ou no terraço dos hotéis de luxo.

O *rosé* é sem dúvida o mais antigo estilo de vinho da história, bem anterior ao vinho* tinto. Há três maneiras de produzi-lo, das quais só duas são autorizadas na França e têm condições de dar vinhos dignos e de bela fineza. Entretanto, a terceira, que consiste em misturar vinhos branco e tinto, é permitida em alguns países.

Geralmente ele provém de uva tinta, mas em certas regiões é possível incorporar uma porcentagem de uva branca que, como para os tintos, terá a função de afinar o vinho, de torná-lo mais elegante. Sua produção pode ser a especialidade de uma região ou de uma vinícola, mas também pode resultar da necessidade de sanear periodicamente uma cuba de vinho tinto.

O método mais nobre consiste em jogar as uvas tintas numa prensa pneumática (hermética, portanto) e deixá-las macerar pouquíssimo tempo, protegendo-as da oxidação*. Depois de obter a cor desejada (entre 4 e 24 horas), o vinicultor aciona a prensa para obter seu vinho de cor rosada: é o *rosé* de prensagem direta. Esse método dá *rosés* muito pálidos, mais próximos do cinza-rosado com toques de ouro do que do rosa-salmão. São produzidos principalmente em regiões muito especializadas, como a Provence. Sua elaboração requer muitos cuidados e atenção. Começam finalmente a ser considerados vinhos de pleno direito; apesar da cor pálida e delicada, têm potência e complexidade.

O outro método atende mais a uma necessidade do que ao desejo de produzir vinho *rosé*. Em decorrência de algum incidente climático, uma colheita pode mostrar grande falta de consistência e precisar ser reequilibrada. É possível concentrá-la subtraindo-lhe uma parte do suco durante a etapa de fermentação*, para reproporcionar os volumes líquidos e sólidos e assim obter um vinho tinto mais concentrado. Essa interrupção voluntária da cubagem será feita em determinado momento da coloração do suco. Esse método, muito usado, produz o *rosé* conhecido como "de sangria"; além de geralmente mais colorido, ele é mais intenso, mais rico e mais robusto que o de prensagem direta.

Assim como os tintos, os *rosés* podem provir de monocastas* ou, mais frequentemente, de várias castas autorizadas para a denominação*. Em todos os casos, o estado sanitário da uva deverá ser perfeito, sob pena de prejudicar, mesmo que muito levemente, esses vinhos de abordagem sensível.

O *rosé* de prensagem direta é um vinho para aperitivo ou refeição leve. O de sangria pode, em alguns casos, substituir certos vinhos tintos ligeiros. Devem ser degustados precocemente: seu potencial de guarda, com pouquíssimas exceções, raramente vai além de três anos.

VINHO TINTO

Estrela mundial incontestável, que pode ser objeto de todos os descomedimentos em seu método de elaboração.

É obtido pela fermentação do mosto (suco) de uvas tintas – algumas regiões admitem uma porcentagem de brancas –, após uma maceração cuja duração varia de acordo com os tipos de casta utilizados, o estado sanitário da vindima e o gênero de vinho. A cubagem (estágio em cuba para maceração) pode variar de uma a quatro semanas para vinhos de guarda.

Geralmente são vinhos tranquilos, mas algumas poucas vinícolas italianas produzem tintos efervescentes*.

A vinificação* em tinto provavelmente é posterior à do *rosé**. Os primeiros vestígios de vinificação conhecidos remontam a 5000 a.C. É mais que improvável que se tratasse de vinho tinto, pois as primeiras representações de vinificação (muito posteriores) mostram que a uva colhida era prensada imediatamente; e sem maceração não há possibilidade alguma de extrair as matérias corantes. É bem verdade que até o final da Idade Média o material vinícola era sumário; o investimento principal destinava-se à prensa, enorme e muito onerosa, que pouquíssimos podiam possuir. A produção de tintos só aparece realmente no final do século XIV.

Desde a queda do Império Romano e durante toda a Idade Média, a Igreja manteve em suas dioceses a cultura da vinha e do vinho. Os vinhedos expandiam-se regularmente por toda a Europa, acompanhando a extensão das ordens monásticas. Os monges possuíam um saber e uma mestria excepcionais em matéria de vinificação. O clarete, vinho pouco macerado e pouco colorido, progressivamente cedeu lugar ao vinho tinto, a pedido dos trabalhadores manuais, que o achavam mais nutritivo e consistente. No século XVIII, os períodos de cubagem aumentaram, o mosto permanecia em contato com o bagaço (parte sólida, como a casca, as sementes e o engaço); os vinhos então se tornaram profundamente vermelhos.

Embora muitos países (Japão, Estados Unidos, Austrália e outros) ainda sejam majoritariamente consumidores de vinho branco, os anúncios dos benefícios de um consumo moderado de vinho tinto levaram-no a conquistar parcelas de mercado.

Desde os primeiros tintos, os métodos de vinificação não evoluíram fundamentalmente, mas os cuidados e precauções de todos os tipos, durante a colheita, a vinificação e o acabamento, hoje fazem a diferença.

A primeira etapa do processo de vinificação em tinto é a vindima, feita à mão ou com máquinas cada vez mais eficientes. Colhem-se apenas as uvas sadias e maduras (as outras ficam esperando uma segunda passagem dos vindimadores). Em seguida elas são selecionadas à mão, uma vez ou mesmo duas. Não é raro algumas grandes propriedades de Bordeaux empregarem 200 selecionadores para desengaçarem um a um os bagos. Depois estes são esmagados para se romperem e liberarem seu suco. Tem início então, sob efeito de leveduras naturais ou selecionadas, uma primeira fermentação (cerca de quatro a dez dias). Ao mesmo tempo, ocorre a maceração, que consiste em deixar o mosto em contato com as cascas para extrair-lhes as matérias corantes; sua duração varia em função da casta e do tipo de vinho a ser produzido. Em seguida, encerrando a maceração, vem a descubagem: o vinho límpido, sem o bagaço, é escoado da cuba e trasfegado para os tonéis* ou os tanques* de elaboração: é o chamado vinho de gota. O vinho de prensa, por sua vez, é produzido pela prensagem do bagaço encharcado de vinho que ficou no fundo do tanque; poderá ser juntado ao vinho de gota ou ser elaborado sozinho. Começa então, nos recipientes de elaboração, a segunda fermentação, denominada fermentação* malolática, que reduz naturalmente a acidez dos vinhos. A etapa seguinte é a elaboração* (em madeira ou materiais neutros), que pode durar até dois anos. E, por fim, o engarrafamento, precedido de uma filtragem leve.

VINIFICAÇÃO

A uva é produzida pela viticultura; o vinho, pela vinificação. Essa etapa muitas vezes é considerada a intervenção final para produzir um vinho. Erroneamente. Na verdade, é só uma etapa entre outras. Pois, nesse longo processo que vai da vindima ao engarrafamento, a intervenção (ou o acompanhamento) do homem é sempre constante e primordial: após a vinificação haverá o acabamento*, depois as diferentes preparações, os arremates (estabilizações, filtragens), antes do engarrafamento propriamente dito. Mas é de fato uma etapa fundamental: o caráter de uma casta ou a mensagem de mineralidade de um grande *terroir* podem ser apequenados ou levados ao apogeu*, dependendo de como for conduzida a vinificação. É a ela que compete revelar a soma de todos os elementos fornecidos pelo *terroir* e sua casta.

A evolução galopante dos conhecimentos, bem como os investimentos financeiros faraônicos disponibilizados para certas adegas de vinificação, levam a temer derivas – especialmente a eliminação de algumas tipicidades. De fato, como frear o desenvolvimento da cultura de vinhas plantadas em setores do planeta pouco propícios a um cultivo racional, quando a certeza de não mais perder nenhuma das etapas da elaboração permite todas as ousadias?

Enquanto a fermentação alcoólica é uma descoberta recente – data do século XIX –, a história da vinificação é imemorial. A prova mais antiga de vinificação foi encontrada no Irã, onde se detectaram traços de um suco "estabilizado" que remonta a cerca de 7 mil anos: uma espécie de resina havia sido incorporada a esse "vinho" para impedi-lo de coalhar ou azedar. Portanto, os primeiros viticultores haviam descoberto como estabilizar seu suco acrescentando-lhe, de acordo com o lugar e a época, toda espécie de plantas, de resinas, terra ou mel. Em seguida era preciso diluir esse vinho, ou melhor, essa pasta, com água* doce, ou do mar, como faziam os romanos.

PRAZER

Centésima e última palavra, graças a uma pequena distorção na classificação alfabética.

Ele não deseja de modo algum participar do debate; não quer dividir ninguém e deixa cada qual com sua opinião. Seu sentido é claro. O prazer está onde desejarmos encontrá-lo.